KB269559

‘7분의 기적’ 총감독 텟세이 창조부장 ‘야베 데루오’ 이야기
신칸센 버라이어티 쇼

‘7분의 기적’ 총감독 텟세이 창조부장 ‘야베 데루오’ 이야기
신칸센 버라이어티 쇼

‘7분의 기적’ 총감독 텟세이 창조부장 ‘야베 데루오’ 이야기
신칸센 버라이어티 쇼

야베 데루오 지음 | 방유성 옮김

‘7분의 기적’ 총감독 텟세이 창조부장 ‘야베 데루오’ 이야기

한언

한낱 청소 일이지만,
자부심과 보람을 마음에 품고
기술과 여행의 추억으로 감등을 창조했다.
세계 제일의 실행력을 보여 준 스쾌프들 덕분에
오늘의 내가 있는 것이다.

철도 서비스 현장에서의 작은 변화들이 만들어 낸 '텟세이'의 혁신은 한국 사회와 기업들에게 시사하는 점이 많다. 자신의 일에 대한 자부심을 통해 승객들의 신뢰와 사랑을 받고, 나아가 세계적인 강소기업으로 성장할 수 있었던 '텟세이'의 혁신을 통해 우리 스스로 '일'에 대한 진정한 가치를 깨닫는 중요한 기회를 얻을 것이다.

이건태(코레일관광개발 대표이사)

청소회사 중 하나일 뿐인 텟세이가 어떻게 CNN, 하버드 대학, 와세다 대학, 칭화 대학 등 세계적 언론과 유수의 대학에서 주목하는 회사로 변화했을까? 그 변화는 큰 돈이 드는 것도, 많은 시간이 걸리는 것도 아니었다. 읽는 동안 몇 번이나 무릎을 치게 만드는 저자의 탁월한 현장 리더십에 대해 박수를 보내지 않을 수 없다.

정재창(PSI컨설팅 대표이사)

서비스에 관한 책은 많다. 그러나 현장이 변화하는 모습을 이만큼 생동감 있게 보여 주는 책은 드물다. 텟세이의 야베 창조부장은 일을 위해 회사에 모인 사람들에게 '우리가 왜 모여 있는지, 우리가 무엇을 해야 하는지'에 대한 가장 중요한 답을 가져다주었다. 정말 대단한 책이다!

임민수(펜타클러닝 대표이사)

고객을 접하는 현장에서는 고객에게 제공하는 서비스 업무 자체는 물론, 고객에게 감동까지 주고자 하는 서비스 정신이 필요하다. 하지만 현장 근로자들은 자기 일의 가치를 모르고, 경영진은 성과에 대해서만 지시한다. 일선 근로자와 경영자 사이의 간극이 너무 크기 때문에 발생하는 일이다. 현장의 목소리에 귀를 기울이고 이것을 시스템화해서, 모두가 고객을 향한 서비스를 지향해 가도록 하는 것이 진정한 혁신의 리더가 해야 할 일이다. 텟세이 청소부들은 이에 대한 완벽한 모델이다.

김성학(한국철도공사 경영혁신실 창의혁신처 부장)

우리는 주변에서 자신의 일을 소중하게 여기고 일에서 보람을 찾는 사람들을 볼 수 있다. 그분들은 일을 하면서 행복을 느끼고, 그로 인해 많은 고객과 인연을 맺는다. 이런 사람들이 더 나아가 자신의 일을 바탕으로 또 다른 가치를 만들어 성공하는 사례를 흔히 볼 수 있을 것이다.

많은 기업들이 일에 가치를 부여하고 직원들이 그 일에 자부심을 가질 수 있도록 하기 위해 고민하곤 한다. 이 책은 바로 그에 대한 대표적인 성공 사례를 이야기하는 책이다.

일의 가치를 알고 있는 직원과 가치를 모르고 일하는 직원과는 몰입도는 물론 성과에 있어서도 엄청난 차이가 있다. 이 책은 성공적이며 모범적으로 일에 대한 가치를 부여한 기업의 사례를 보여주고 있다. 서비스 기업에서 일하는 분, 특히 경영하시는 분이라면 이 책을 꼭 읽어보길 바란다!

장준연(삼성전자서비스 교육팀장)

이제부터는 우리가 알고 있는 혁신의 추상적인 개념을 바꿔야 하지 않을까? 혁신 전략은 더 이상 임원 회의실에선 찾아볼 수 없다. 현장과 따로 노는 회의실 전략은 제쳐 두자. 이제 현장에서 새로운 전략가가 나올 때가 됐다. 이 책에 담긴 텟세이 청소부들의 이야기가 바로 진정한 혁신을 가능하게 한 구체적이고 자세한 방법이다.

현장 근로자에게도 자신들이 하는 일에 자부심과 보람이 일어나고, 더 나아가 텟세이 청소부들처럼 우리나라의 수많은 현장에서도 기적이 일어나길 바란다.

백종현(현대제철 사업개발팀 팀장)

이 책은 회사가 구성원들의 사명을 복원하는 플랫폼으로 작용할 때 어떤 기적적인 일이 일어날 수 있는지를 잘 보여 주고 있다. 어떤 일을 하더라도, 그 일이 어떤 사명에 의해서 가이드되는지에 따라 가슴을 뛰게 하는 신성한 일이 될 수도 있고, 하찮은 일로 끝날 수 있다.

텟세이라는 회사는 사명을 복원한 스토리를 가지고 있고 이 사명을 구현하기 위해 진심으로 정성을 다하는 진성기업이다. 사명이 복원될 때 그 기업은 살아 있는 문화를 발전시킨다. 이 살아 있는 문화는 고객에게 고품질의 제품이나 서비스를 넘어서 살아 있는 체험을 제공해 준다. 향후 기업의 승패는 이와 같이 살아 있는 체험을 제공해 줄 수 있는 문화를 구축했는지에 따라 좌우될 것이다.

다른 기업과는 달리 텟세이는 청소를 판매하는 회사가 아니라 여행의 추억을 판매하는 회사라는 생각을 종업원뿐만 아니라 고객들도 공유하고 있는 진성기업의 대표주자이다. 이 책은 진성기업의 살아 있는 문화를 설계하기 위해서 무엇을 해야 하는지를 보여 준다.

윤정구(이화여자대학교 경영대학 교수)

매뉴얼에 따라 지켜야 할 것은 반드시 지켜야 한다. 하루를 매뉴얼대로 실행하고, 이런 실행을 반복하면 습관이 된다. 이것이 진정한 리스크 관리다. 연간 4천만 석에 달하는 좌석을 청소하는데, 클레임은 고작 5, 6건에 불과하다는, 그것도 신칸센 열차가 일정대로 운행하기 위해 테이블을 닦지 말라고 지시해서 생긴 것이라는 사실은 가히 경이로운 수준이다. 이 책은 이러한 매뉴얼의 중요성을 말하는 최고의 성공사례이다.

정상근(정HR교육연구소 소장, 안전문화 홍보대사)

CONTENTS

3장 회사가 현장을 살린다

4장 모든 것은 리더에 의해 결정된다

청소는 기본,
고객 감동과 서비스에 눈을 뜨다

텟세이는 JR동일본(동일본여객철도주식회사)의 청소 담당 자회사다. 정식명 'JR등일본 테크노하트 TESSEI'는 도호쿠신칸센(東北新幹線)과 조에쓰신칸센(上越新幹線)의 청소를 담당하고 있다. 겉으로 보기에는 평범한 청소회사지만, 텟세이의 업무 범위는 청소에만 그치지 않는다. 어떤 면에서는 이 점이 조금은 특이하게 보일지도 모른다.

예를 들어, 도쿄 역에 내렸는데 어디로 가야 할지 몰라 우왕좌왕하는 승객이 눈앞에 있다고 하자. 그러면 텟세이의 스태프들은 신속하게 달려가 "어디까지 가세요?"라고 물은 후 길을 직접 안내하거나, 찾아가는 방법을 침착하게 알려준다. 신칸센의 승차 위치를 모르는 노인들을 안내하거나 다리가 불편해서 혼자 가기 힘든 승객들을 열차 안까지 부축해 주기도 한다. 청소부, 하면 으레 예상하는 일의 범위를 훨씬 넘어선 것이다.

이처럼 텟세이는 주요 업무인 청소는 기본이고, 승객들에게 감동을 전해줄 수 있는 서비스를 하는 조직으로 스스로를 정의하고 있다.

청소회사가 왜 이런 일까지 해야 하는지 궁금해 하는 사람도 있긴 하지만 우리 대답은 명쾌하다. 집을 나와 역에 도착하여 신칸센을 타고 목적지까지 가는 모든 과정이 승객들에게는 여행의 추억으로 남는다. 그렇다면 청소를 포함한 승객이 감동하는 서비스를 통하여 신칸센을 이용하는 승객들에게 아름다운 추억을 만들어 주는 것이 텟세이가 하고 있는 일이다. 현장의 스태프들이 이런 생각을 가지고 있기 때문에 넓은 시야에서의 서비스를 제공할 수 있었다.

신칸센의 운행 스케줄로 인해 차내 청소에는 오직 7분이라는 시간만 허락된다. 스태프들은 어떤 돌발사태가 벌어져도

이 안에 청소를 끝내야 한다. 따라서 우리의 청소 작업은 숨 돌릴 틈도 없이 벌어지는 전쟁이나 다름없다. 청소가 늦어지면 신칸센의 운행 시간이 틀어질 우려까지 있으므로 긴장감 또한 이루 말할 수 없다.

그럼에도도 불구하고 스태프들은 몸만 움직이는 것이 아니라 끊임없이 생각을 한다. 활기찬 현장 속에서 그들은 늘 "이곳은 불편하지 않을까?" "이쪽을 이렇게 하면 좀 더 손님들이 쾌적하게 이용할 수 있지 않을까?" 등 다양한 의견을 끊임없이 관리자에게 제안하기도 한다.

텟세이의 일은 두 가지 목표로 요약할 수 있다.

'신칸센이 시간표대로 운행되도록 한다.'

'승객에게 감동을 전하기 위해 일한다.'

이렇게 순수한 마음에서 시작한 스태프들에게는 '현장을 꿰뚫어보는 힘'이 있다. 마법사처럼 현장을 리드해 가는 텟세이의 이러한 능력은 점차 알려져 외부로부터 좋은 평가를 받기 시작하였다. 감동적인 서비스로 유명한 오리엔탈랜드(Oriental Land, 도쿄 디즈니랜드 리조트를 경영하는 기업)나, 도쿄대학의 학생 그룹이 견학을 오기도 하고, 하버드 비즈니스 스쿨에서 텟세이의 이야기를 교재로 쓸 수 있는지 제안해 오기도 했으며, 2014년 3월에는 하버드 비지니스스쿨 교수 등

관계자들이 이곳을 찾기도 했다. 이외에도 와세다대학, 칭화대학에서도 견학을 왔다.

한마디로 텟세이는 현재 세계 각국의 주목을 받고 있다. 하지만 텟세이 스태프들의 고객 감동 정신은 하루아침에 만들어진 것이 아니다.

"나는 청소부입니다"

지금의 텟세이를 보는 사람들은 어쩌면 "텟세이에는 우수한 인재들이 모여 있겠군요."라고 오해할 수도 있다. 하지만 텟세이의 스태프들은 지극히 평범하다. 심지어 이 회사에 들어오려고 애쓰는 사람도 찾기 힘든 직장이다. 실제로 텟세이의 업무는 누구도 하기 싫어하는 일들뿐이다.

이런 일을 하는 사람들이 마음에서 우러나와 의욕적으로 일하게 하려면 어떻게 해야 할까? 내가 무엇보다 현장에서 중요하게 생각한 것은 바로 "나는 청소부다. 나는 청소하는 사람이다."라고 당당하게 말할 수 있는 자신감과 자부심, 그리고 자신이 제공하는 모든 서비스를 보람으로 여기는 자세다. 이것은 틀림없이 조직의 강점이 된다.

그렇다면 직원들을 위해 경영자는 무엇을 해야 할까? 한마디로 직원이 하는 업무의 가치를 '인정'해 주면 된다. 경영자가 직원을 인정하고, 직원이 다른 직원을 칭찬하고 격려하는 환경과 풍토를 가진, 그런 조직을 만드는 것이다. 나는 이런 확신을 가지고 회사의 시스템을 만들어 갔다.

이 책에서 나는 현장에서 땀 흘리며 일하고 있는, 눈에 보이지 않는 그들의 노력을 제대로 평가하고, 모두가 알 수 있도록 칭찬하는 시스쳄을 소개하려고 한다. 구성원의 노력을 제대로 평가하고 또 칭찬을 아끼지 않으면 '칭찬받으며 더욱 성장하고, 성장을 통해 더욱 칭찬받는' 선순환을 낳기 때문이다.

내 경험에 비추어 봤을 때 경영자는 '직원이 성장하도록 정성을 다하는 마음'을 가져야 한다. 인간에게는 자신이 느꼈던 기분 좋은 일을 다른 사람들에게 그대로 해주고 싶은 욕구가 있다. 매일매일 업무에 쏟은 노력을 정당하게 인정받아 '나는 하찮은 청소부가 아니라 소중한 존재이며 늘 대접받고 있다.'는 사실을 몸소 느끼는 순간, 자연스럽게 그 에너지가 '나도 손님에게 정성을 다해야지.'라는 동기부여로 이어지기 때문이다.

텟세이에서 일하는 스태프들은 대부분이 다양한 인생 경험을 거치고 돌고 돌아 여기까지 온 사람들이다. 옛 직장에서는 열심히 일했지만 인정받은 적이 단 한 번도 없다는 사람들도 적지 않았다. 그렇기 때문에 스태프이 하는 업무의 가치를 인정하고, 정당하게 평가해 주는 일이 더욱더 큰 의미와 가치를 지닌다. 이것이야말로 텟세이를 지탱하는 뿌리이다.

철도 회사에서 오랫동안 근무해 온 내가 텟세이에 입사했을 때는, 본사의 주도하에 현장을 '관리'하고 있는 시스템이 확고히 자리 잡고 있었다. 나는 바로 이러한 시스템이 현장의 의욕을 저하시킨다고 생각했다. 따라서 본사의 주도권은 인사 제도나 투자에 제한시키고, 나머지는 모두 현장에서 하나하나 해 나가야 한다는 취지를 세우고 야심차게 실천해 나갔다. 잘못된 시스템은 개선해야 한다는 마인드에 기업의 생명이 달렸다. 조직의 단점을 개선하여 성과를 올려야만 역동적인 사회에서 살아남을 수 있다.

자부심을 가지는 순간,
인생의 새로운 막이 열린다

나는 어릴 때부터 힘들게 일하는 부모님의 모습을 보면서 자랐다. 특히 인상적이었던 것은 아버지와 함께 열심히 육체

노동을 하는 어머니의 모습이었다. 여성으로서 도저히 하기 힘든 일이었지만 어머니는 아무 불평도 하지 않고 묵묵히 일하며 나를 키우셨다. 어머니는 69세로 돌아가셨는데, 뎃세이에 와보니 어머니와 동년배로 보이는 스태프들이 어머니가 늘 하시던 청소 일을 하고 있었다. 그중에는 남편을 먼저 저세상으로 떠나보낸 이도 있었다.

이런저런 각자의 말 못할 사정을 안고 옷을 더럽혀 가며 열심히 일하는 '어머니들'의 모습은 나에게 큰 충격으로 다가왔다. 그 순간, '어머니같은 이분들에게 힘이 되어드리고 싶다.'라는 생각이 들었다. 이것이 뎃세이에 입사해서 지금까지 나를 사로잡고 있는 생각의 기본 바탕이다.

직업에는 귀천이 없다고 하지만, 상대적으로 사람들이 꺼려하거나 좋은 평가를 받지 못하는 일들이 있다. 특히 청소 같은 일을 하는 사람들은 더욱 그렇다. 그러나 뎃세이에서 일하면서, 자기 일에 자부심을 갖고 그 일을 통해 자신감이나 보람을 느끼는 것이 더 중요하다는 사실을 배웠다. 자부심을 가지는 순간, 인생에는 새로운 막이 열리는 법이다.

자부심은 '자신감'과 함께 자라며, 자신감이 없으면 어떤 일을 하든 그 일은 그저 그런 것이 되고 만다. 그렇기 때문에 자신감과 자부심이 무엇보다도 중요하다. 자신감과 자부심은 부정적인 생각도 긍정적으로 바꿀 수 있다.

생계를 꾸리기 위해 일을 시작했던 스태프들도 처음에는 어떤 희망도 가지지 못했지만, 나중엔 놀라울 정도로 달라졌다. 내가 바꾼 것이 아니라 스태프들이 스스로 변한 것이다. 이것은 겸손이 아니라 실제로 그렇다. 그들이 마음속에 가지고 있던 일에 대한 생각을 솔직히 말하고 실천한 것뿐이다.

텟세이가 '기적의 직장'이라고 찬사를 받는 것도 모두 현장에서 일하는 스태프들의 노력 덕분이다. 무슨 일을 하든 발전하는 직장, 기적의 직장으로 불리는 곳에서 일하는 사람들의 모습을 보면 어떠한 공통점이 있다.

이 책을 통해 그 본질적인 것을 독자 스스로 느낄 수 있다면 나는 더없이 행복할 것이다.

야베 데루오(矢部輝夫)

하버드대학 비즈니스스쿨의 교수진과 학생들이 텟세이를 방문했다.
하버드 비즈니스스쿨에서는 텟세이의 이야기를 교재로 쓰겠다는 제안을 하기도
했다. (2013.4)

CNN이 텟세이를 취재하고 있다.

CNN의 유명한 리포터 폴라 핸콕도 텟세이의 창조 혁신을 취재해 전 세계에 알렸다.
"일본을 취재할 때마다 텟세이 스태프들의 모습을 눈여겨봤다.
언젠가 그들의 이야기를 세계에 방송하여 알리고 싶다고 생각했는데.
드디어 소원이 이루어졌다." (2012.9)

아널드 슈워제네거 당시 캘리포니아 주지사가 수행원들과 함께
텟세이를 방문했다. (2010.9)

일본국제방송(NHK월드)은 텟세이의 스태프 교육과 정규직 시험제도에 대해 관심을 보이며 취재했다. (2013.5)

이집트 MCC1TV에서도 취재 대열에 합류했다. (2013.3)

독일 국영TV(ARD German TV)가 텟세이를 취재하는 모습. (2013.12)

독일의 저널리스트들도 텟세이의 혁신 이야기를 듣고 놀라워했다.

텟세이가 변화한 과정을 보도한 스웨덴 언론. (2013.3)

한국 JTBC는 텟세이 스태프들이 활기차고 역동적으로 일하는 모습을
생생하게 소개했다. (2014.4)

한국 중앙일보, 중앙선데이는 텟세이의 개혁을 무게 있게 다루며
'신칸센 7분 쇼'를 극찬했다. (2014.4)

일본 도쿄대학의 학생들이 서머 프로그램을 이용해 텟세이의 변화 과정을 배워갔다. (2013.8)

중국 칭화대학에서도 텟세이의 스태프들과 인터뷰 시간을 가졌다. (2012.6)

한국철도공사에서 텟세이 스태프들이 일하는 모습을 견학하고 있다.

한국철도공사(Korail)의 김성학 당시 인재개발부장이 활기차게 일하고 있는
텟세이 스태프들의 모습을 보면서 했던 말이 인상적이다.
"지금껏 청소하는 직원들에게는 결코 의욕을 불어넣을 수 없다고 생각했습니다.
그런데 텟세이의 직원들이 일하는 모습을 보면서 얼마나 잘못된 생각인지를
알았습니다." (2012.9)

국제철도연합(UIC)에서 철도 관련 성공사례로서 텟세이를 방문했다. (2009.2)

중국 국철에서 텟세이의 변화에 대해 질문하고 있는 모습. (2010.1)

"세계의 철도는 귀사의 노력에 주목하고 공유해야 한다. 그렇게 하면 철도의 새로운 미래가 열릴 것이다. 이 만남을 나는 평생 잊지 않겠다." – 프랑스 국철 (2010.8)

프랑스 국철에서 텟세이가 일하는 모습을 세심하게 관찰하고 있다.

1 장

3D 직장이
기적의 직장으로

세계 제일의
놀라운 현장력

최근 세계적인 여러 언론사에서 텟세이를 주목하고 있다. 인터넷에서 '신칸센 청소'를 검색하거나 '텟세이'라고만 검색해도 회사에 대한 기사를 읽을 수 있는가 하면, 일본 트위터에서는 더 많은 이야기가 쏟아지고 있다. 그중 몇 가지만 소개해 보겠다.

- 신칸센을 청소하는 사람들인데 엄청 빠르게 일한다. 감동 받아서 눈물 날 듯.
- 신칸센 청소부대는 청소가 끝나면 나란히 서서 인사를 한다. 축구나 고교 야구부 같아서 좋아 보이네.
- 지금 세계에서 가장 빠르다는 신칸센 청소를 보고 있습니다. 손놀림이 엄청 빨라서 못 따라 갈 정도입니다. 저도 이렇게 청소할 수 있었으면 좋겠네요.
- 신칸센 청소팀 이름이 텟세이구나.
- 신칸센으로 도쿄에 갈 때마다 청소하는 언니들의 프로페셔널한 모습에 반하고 옴.
- 신칸센 역의 홈에서 청소기를 짊어지고 가는 아주머니, 〈고스트 버스터즈(Ghost busters, 현대에 나타난 유령들을

소탕하는 유령 사냥꾼에 대한 미국 영화-역자 주)〉처럼 엄청 멋있다.

- 신칸센 차내 청소하는 사람들 특집방송을 NHK에서 본 적 있는데, 진짜로 보니 더 대박~.
- 신칸센의 차량 청소부들의 멋진 솜씨를 보니 정말 반할 것 같아요.

또 2011년 3월 〈닛케이비즈니스〉에서는 텟세이를 주제로 한 '반짝이는 현장 이렇게 만든다! 최강의 청소팀'이라는 특집이 만들어졌고, 텟세이를 소개한 와세다 대학교 비즈니스 스쿨 엔도 이사오(遠藤 功) 교수의 저서 《신칸센 청소팀의 천사들》은 10만 부 이상 팔린 베스트셀러가 되었다. 이 내용은 뮤지컬로도 만들어져 큰 화제를 낳았다. 또 요전에는 소설가인 이사카 코타로(伊坂幸太郎) 씨가 텟세이의 신칸센 청소를 모티브로 소설 〈코멧들(彗星さんたち)〉을 발표하여 호평을 받기도 했다.

텟세이를 소개한 TV 프로그램도 있다. 유명한 리포터로 알려진 폴라 핸콕이 취재를 담당했던 CNN의 'The GETAWAY 도쿄 특집'과 한국 JTBC와 중앙일보의 취재를 필두로, TV아사히의 '보도스테이션 선데이', TV아사히 · CS의 '슈조학원',

NHK종합의 '뉴스워치 9'과 '샐러리맨의 점심식사', BS11 '위블리뉴스 ONZE' 등 다양한 프로그램에 소개되었다. 2013년 8월 19일 방영된 간사이TV의 '말참견은 그만'에 등장하는 코너인 '마흔 전후 hello work, 만약 당신이 일을 한다면…'에서는 탤런트 야마구치 모에가 신칸센 청소를 체험하면서 '커다란 창문 너머로 밖이 보이는 게 꼭 극장 같다.'고 감상을 전했다.

야마구치가 '극장 같다.'고 한 말이 모티프가 되어 텟세이의 청소는 '신칸센 극장'이라고 불리기도 한다. 창 너머로 직원들이 일하는 모습이, 말하자면 극장의 무대 위에서 주어진 역을 연기하는 배우라고 할 수 있으니 알맞은 표현이다. 이 모든 일을 해내는 모습이 마치 신 나고 즐겁게 버라이어티 쇼를 펼치는 것처럼 보일 수도 있을 것이다. 이 말은 현재 텟세이의 중요한 키워드가 되었다. 청소 직원들이 즐겁고 재빠르게 청소하는 모습을 모든 승객들이 창밖에서 생생하게 볼 수 있기 때문에 절대 건성건성 할 수가 없다. 그렇기에 업무는 늘 긴장감의 연속이다.

멋있어 보일지도 모르지만, 텟세이는 그냥 평범한 청소회사다. 청소라는 일 자체가 화려함과는 원래 거리가 멀다. 오히려 '평범하고 가혹'하다고 하는 게 맞는 표현일 것이다. 그럼에도 불구하고 텟세이를 취재하고 싶다는 요청이 끊이지 않고 다양한 기업에서 견학을 오는 이유는 무엇일까?

이에 대해 이야기하다 보면 같은 업계의 다른 회사들, 아니, 다른 모든 서비스업계에서도 찾기 힘든 오로지 텟세이만의 개성과 엔도 교수가 '세계 제일'이라고 할 만큼 놀라운 현장 창조 과정을 볼 수 있을 것이다.

신칸센이 들어오면, 텟세이 스태프들의 7분 쇼가 펼쳐진다.

텟세이에서는 스태프들의 유니폼을 계절에 따라 수시로
바꾼다. 이로 인해 스태프들의 자긍심을 배가시킨다.
승객들은 이것을 보며 즐거워한다.

여름에는 유카타나 하와이 셔츠를 입고 승객들을 환영한다.

유카타를 입고 탑승객들을 안내하는 텟세이 스태프들.

하와이 셔츠는 승객들에게 여행의 정취를 느끼게 하는 의도이기도 하다.

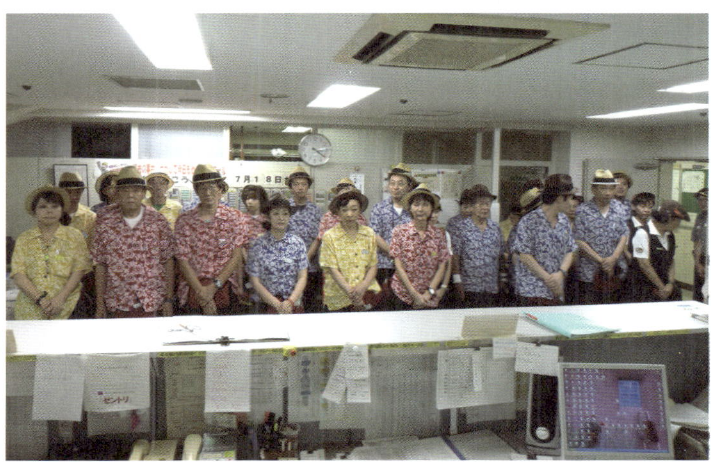

하와이 셔츠를 입은 스태프들의 모습.

7분 만에 청소 끝,
언제나 시간표대로

텟세이 신칸센 청소의 가장 큰 특징은 바로 '속도'에 있다. 오직 7분 만에 신칸센을 깨끗하게 청소하는 텟세이의 모습을 방영하면서, CNN은 '7분의 기적(7 minutes miracle)'이라고 표현했다.

역에 도착한 신칸센 차량이 되돌아 반대 방향으로 출발하기까지 걸리는 시간은 겨우 12분. 여기에서 승객들의 하차 시간 2분과 다음 승객이 승차하는 시간 3분을 빼면 청소에 사용할 수 있는 시간은 7분밖에 남지 않는다.

이 7분 동안 어떤 작업을 진행하는가? 좌석 아래 선반에 쌓인 쓰레기를 수거하고, 좌석 방향을 열차 운행 방향으로 바꾸고, 100석의 모든 테이블을 닦고, 창문 블라인드를 올리고, 창틀을 닦고, 좌석 커버를 교환한다. 수리가 필요한 부분이 있으면 JR에 연락하며, 수거한 쓰레기를 분류해서 버린다. 만약 이 과정에서 분실물을 발견하면 버리지 않도록 확실하게 관리한다.

이렇게 '청소'의 모든 과정을 오직 7분 안에 거뜬하게 완수해야 한다.

게다가 이 7분 사이에 화장실 청소까지 해야 한다. 생각지도 못한 곳에 얼룩이 남아 있기도 하고, 돌발상황이 발생해 임기응변이 필요한 때도 생긴다.

한 팀을 이루는 기본 구성은 22명인데, 100석으로 된 한 개의 차량을 딱 한 사람이 청소한다. 각 팀이 보통 하루에 20대의 차량을 청소하는 셈이다. 일에 서툰 신입은 어쩔 수 없이 현장의 리더인 주임과 베테랑 사원이 도와주기는 하지만, 기본적으로는 한 경이 모든 일을 수행해야 한다. 주어진 시간이 7분밖에 없으니 육체적으로도 정신적으로도 중노동임에 틀림없다.

텟세이 직원이 하루 동안 청소하고 닦는 좌석과 테이블 수는 약 12만 석이다. 단순한 통계를 내도 1년에 4380만 석이 된다. 그러나 테이블이 더럽다는 클레임은 1년에 5, 6건 정도에 불과하다. 그것도 대부분은 신칸센을 운행하는 JR로부터 "시간이 늦었으니 빨리 출발해야 합니다. 테이블을 닦지 않아도 됩니다."라는 지시를 받았을 때 걸려온 것이다.

텟세이는 청소라는 업무로 신칸센의 정상적인 운행을 지원하는 최강의 팀이다.

신칸센이 들어오면 텟세이 스태프들은 인사를 하는 것으로 그들의 일을 시작한다.

열차가 멈춰서면 텟세이 스태프들이 승객을 맞이한다.

스태프들은 하차하는 승객들의 쓰레기를 수거해 불편을 해소해 준다.

안전선 밖에서 하는 인사도 승객 안전을 위한 행동이다.

텟세이 스태프들이 청소하는 좌석과 테이블 수는 약 4380만 석에 달한다.
그러나 테이블이 더럽다는 클레임은 5, 6건에 불과하다.
그것도 신칸센 운행 일정 때문에 테이블을 닦지 말라는 지시가 있었을 때다.

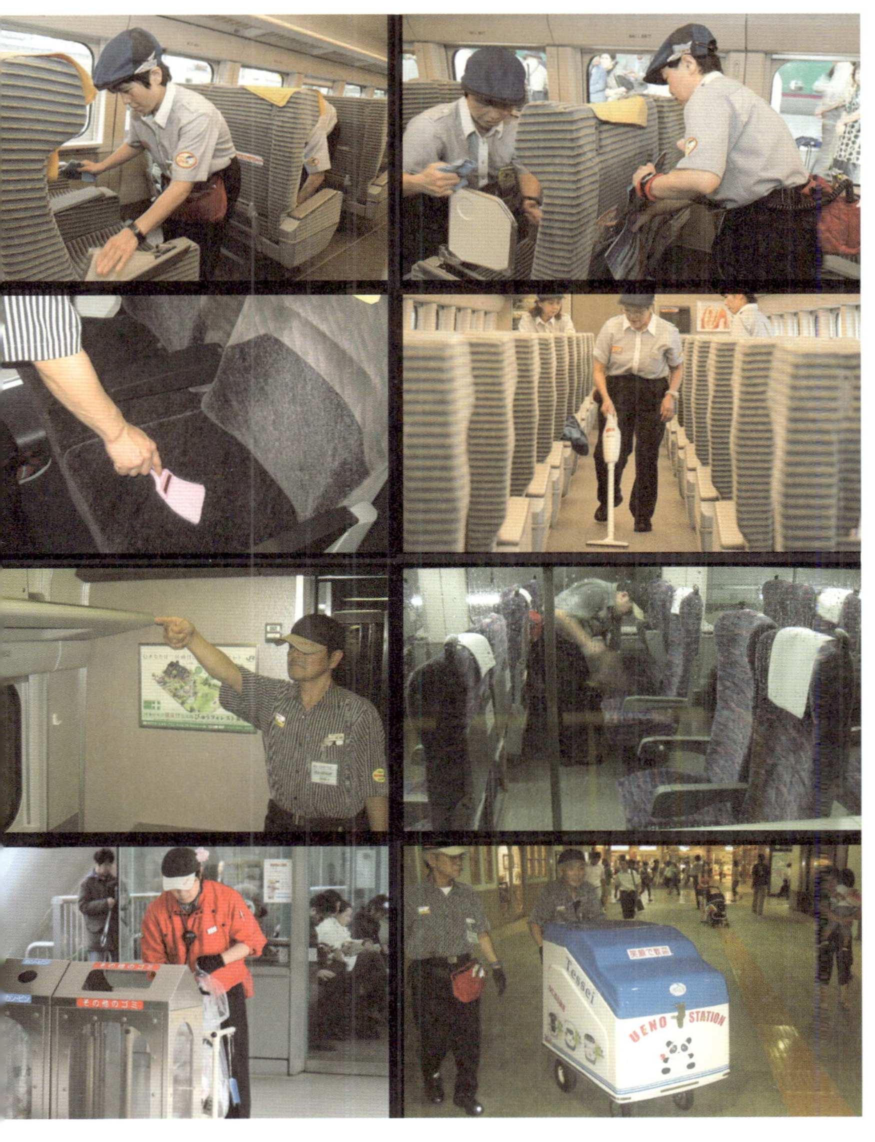

'힘들고 더럽고 위험한' 직장이지만
직원들은 의욕이 넘친다

신칸센 청소는 '힘들고, 더럽고, 위험하다(Difficult, Dirty, Dangerous)'는, 3D 업종의 전형적인 모델이다. 7분 안에 모든 것을 끝내야만 하기 때문에 '힘들다'는 데 이의는 없을 것이다. 청소가 일인 이상 그 과정에서 오물을 처리해야 하는 경우도 비일비재하니 한마디로 '더러운' 일이다. 그리고 언제 안전 사고가 일어날지 모르므로 '위험'하기도 하다.

매스컴에서 보도되는 텟세이는 흐트러짐 없이 정돈된 이미지다. 그러므로 원래부터 그럴 것이라고 생각하기 쉽지만 이를 유지하기란 사실상 무척 힘든 일이다. 업무 내용이 그렇다 보니 처음부터 의욕이 넘치는 인재가 지원하지는 않는다. "실직했는데 여기서 마침 직원을 모집하고 있어서 지원하게 되었다."며 머뭇거리는 직원이 대부분이다.

하지만 현장에서 일하는 직원들의 표정은 밝고 의욕이 넘친다. 그것은 결국 회사의 생각이나 업무 내용과 잘 맞는 사람들이 마지막까지 남기 때문이다. 텟세이 직원들의 의욕이 높은 이유는 따로 있다. 바로 텟세이가 현장을 위주로 '전 직원이 함께 경영하는' 취지를 지향하고 있다는 점이다. 회사의 지시에 따라 시키는 일만 하는 것이 아니라, 현장에서 직접 일하며 경험해 본 직원들이 아이디어를 제안하고 그것을 실천해 간다.

텟세이에는 정해진 유니폼이 따로 있지만 거기에 구애받지는 않는다. 여름에는 하와이 꽃무늬 셔츠나 일본 전통 의상인 유카타(浴衣)를 입고 모자에 벗꽃이나 하이비스커스 꽃을 달기도 하며, 12월에는 또 크리스마스에 맞는 복장을 찾아 입는다. 이렇게 승객이 계절감을 느낄 수 있는 옷을 입자는 제안은 현장 직원의 기발한 아이디어에서 시작되었다.

이렇게 직원들이 현장에서 낸 아이디어 하나하나를 실천해 가면서 누가 봐도 '3D 업종'인 청소회사에 새로운 활기를 불어넣었다.

한번은 한국철도공사에서 견학을 왔다. 이때 공사의 김성학 인재개발부장이 활기차게 일하고 있는 직원들의 모습을 보면서 했던 말이 인상적이다.

"지금껏 청소하는 직원들에게는 결코 의욕을 불어넣을 수 없다고 생각했습니다. 그런데 텟세이의 직원들이 일하는 모습을 보면서 얼마나 잘못된 생각인지를 알았습니다. 앞으로는 사고방식을 바꾸도록 하겠습니다."

일개 청소 직원이 이처럼 활기차게 일하는 모습 그 자체로 큰 충격을 받았던 것 같다. 이런 반응은 현장의 텟세이 직원들에게는 무한한 보람과 즐거움으로 다가갈 것이다. 나 또한 텟세이가 인정받는 모습을 보면서 함께 발전한다는 생각만으로도 뿌듯하다. 이런 기쁨을 직원들과 함께 누릴 수 있다는 것도 자랑거리이다. 현장에서 열심히 일하고 있는 우리 모두는 이런 기쁨을 공유한다.

인사로 시작해서
인사로 끝난다

텟세이는 인사를 중시한다. 설사 청소를 7분 만에 완벽하게 끝낸다 하더라도, 직원들의 표정이 죽어 있거나 딱 봐도 따분해 보인다면 승객들에게 감동을 주지 못한다. 감동은커녕 잘못하면 그런 부정적인 이미지가 승객의 기분마저 나쁘게 할 수 있다.

앞서 소개한 트위터의 반응들처럼 우리 직원들이 일하는 모습은 많은 승객의 마음을 움직이고 있다. 승객들이 칭찬하는 이유는 다양하지만, 특히 호평을 받는 자세 중 하나가 인사로 시작해서 인사로 끝난다는 것이다. 텟세이의 차량 청소팀은 담당하는 차량이 선로에 들어오기 3분 전에 홈에 대기하여, 열차가 오는 방향을 향해 나란히 서서 열차가 들어서면 정중한 인사로 승객들을 맞이한다.

처음부터 일렬로 서서 인사를 했던 것은 아니다. 어느 날 갑자기 한 직원이 "인사를 해보는 게 어떨까요?"라고 제안하여 그 의견을 바로 실천한 결과이다. 요즘에는 '인사하는 청소부'로 승객들에게 널리 알려져 있다.

청소하러 열차에 들어가기 전에도 하차하는 승객 한 명 한 명에게 "수고하셨습니다."라고 소리 높여 인사한다. 고령의 승객이나 짐이 많거나 아이를 동반한 승객을 보면 승하차에 불편하지 않도록 정성껏 돕기도 한다. 청소를 끝낸 후, 홈에서 승차하는 승객에게는 또 "오래 기다리셨습니다."라고 인사한 후 다음 장소로 이동한다. 이런 텟세이의 모습이 승객들에게 신선하게 다가가 "예의가 바르다." "기분이 좋다." "마음이 따뜻해진다." 등의 좋은 평가를 받고 있다.

이와는 별개로 인사를 하면 나태해진 기분을 다잡을 수 있고 집중력도 생기므로, 청소하다가 부상을 입는 일도 줄어들어 그야말로 일석삼조의 효과다.

승객들이 타고 내리는 홈에서만 인사를 하는 것이 아니다. 차량 전체를 청소하는 다바타(田端) 서비스센터와 도치기 현(栃木県)의 오야마(小山) 서비스센터에서도 신칸센이 들어올 때마다 인사를 한다. '인사'라는 행위에는 상대방의 안전을 확인한다는 의미도 내포되어 있으므로, 설사 승객을 일대일로 마주하지 않더라도 보이지 않는 곳에서의 인사도 자못 중요하다.

일반적인 관점에서 보면, 승객들에게 인사를 하는 건 굳이 청소 직원이 해야 할 일이 아닐지도 모른다. 사실 지금처럼 인사하는 문화를 정착시키기까지는 여기에 불만을 품고 "나는 청소 하러 왔지, 인사하러 온 것이 아닙니다."라며 그만둔 사람도 적지 않았다.

모든 직원들에게 텟세이의 업무는 '환대(歡待)'와 '여행의 추억 만들기'라는 것을 납득시켜야 했다. 일단 업무의 중심에 있는 주임들에게 내 생각을 전달했다. 시간은 오래 걸렸지만, 나의 생각에 공감한 주임들은 매일 일을 하면서 착실하고 꾸준하게 직원들을 설득했다. "내 일은 청소예요! 왜 그런 일까지 해야 하죠?"라고 반발하는 사람들에게 눈물로 호소한 주임도 있었다. '우리의 일은 단순히 청소하는 것만이 아니다. 신칸센을 찾은 승객들이 기분 좋게 열차를 이용하는 것, 둘도 없는 추억을 만들 수 있도록 돕는 것이다.'라는 주임들의 열정적인 생각은 직원들의 마음에까지 스며들었다.

덕분에 원래는 좋지 않았던 현장 분위기가 점점 좋아졌고, '내 일은 청소니까.'라고 인사를 하지 않는 직원은 단 한 명도 없다. 지금은 매스컴을 통해 '텟세이는 서비스 업무에도 열성인 회사'라고 각인되어 있어 청소 이상의 서비스를 자신의 일로 받아들이지 못하는 사람은 아예 입사 지원을 하지 않는다.

인사는 승객들의 호평으로 이어졌다. 하는 일은 매우 단순하지만 프로로서 예의를 철저히 지키기 때문에, 승객들의 마음을 움직일 수 있었던 게 아닐까.

이런 경지에 오기까지 나 혼자 힘으로는 아마 아무것도 할 수 없었을 것이다. 사실 주임들이야말로 텟세이의 진정한 '보물'이다.

텟세이의 일은 인사로 시작해서 인사로 끝난다.

청소 뿐만 아니라 탑승 안내, 인사도 텟세이의 중요한 업무이다.

텟세이의 스태프들은 회사가 시키는 대로 일하는 것이 아니라,
현장에서 직접 일하며 경험해 본 직원들이 아이디어를 제안하고 실천해간다.

코멧 슈퍼바이저들이 역에 잔입한 열차를 인사로 맞이하고 있다.

텟세이는 승객에게 여행의 추억을 만들어 준다.

"직원이 그 이상을 하면
곤란하다고요?"

텟세이의 열정은 바야흐로 신칸센 본사에까지 영향을 주기 시작하였다. 지진이나 태풍, 사고 등으로 운행 시간이 흐트러지거나 신칸센이 도쿄 역이나 우에노 역(上野駅)에 들어오는 시간이 늦어지는 경우도 있다. 만약 열차의 도착이 늦어진다면 평소보다 1분이라도 빨리 작업을 마무리해서 평소의 시간표대로 운행을 시작해야 한다. 이럴 때 비로소 텟세이가 실력을 발휘한다. 신칸센은 종점에서 역무원 교대 등이 끝나면 반대 방향으로 되돌아 운행해야 하므로 차내 청소시간이 상대적으로 줄어든다. 평소에는 7분 안에 진행되는 청소를 가끔은 더 짧은 시간 안에 끝내야 할 때도 있다. 가장 짧게는 4분 안에!

하지만 청소 시간이 줄었다고 "시간이 없어서 완벽하게 청소하지 못했습니다."라는 변명은 결코 통하지 않는다. 주어진 시간이 길든 짧든 무조건 예전처럼 완벽하게 청소를 끝내야 한다.

주어진 시간 안에 완벽하게 청소를 끝내거나 시간을 단축할 수도 있는 비결은 무엇일까? 이는 직원 한 명 한 명의 '사명감, 리듬감, 센스'에 의해 좌우된다. 직원들은 매일 일을 해

나가면서 말로 표현할 수 없는 숙련된 요령을 스스로 익혀간다. 그 결과 텟세이의 직원들은 정해진 범위 내의 일을 거뜬히 해내고 있다. 그뿐 아니라 이제는 운행 시간이 지연될 경우에는 정해진 7분 시간도 단축하여 운행에 일조하여 기대 이상의 역할을 해내기도 한다.

일에 몰두하는 텟세이를 본 적이 있는 사람들은 종종 이런 질문을 한다.

"모든 직원이 정말 열심히 일하는데, 이렇게 해서 얼마가 남나요? 이런 업무들이 수익으로 연결됩니까?"

텟세이도 기업인 이상 조금이라도 수익을 올리기 위해 노력하고 있지만, 현실적으로는 서비스가 큰 수익으로 직결되지는 않는다.

대부분은 또 "그렇다면 왜 그렇게 손이 많이 가는 일을 하십니까?" 하고 물어온다.

여기에는 분명한 이유가 있다.

텟세이는 JR동일본의 100% 자회사다. 신칸센이 운행하는 이상 든든한 수익원이 존재하는 셈이고, 기본적으로 안정된 수입이 보장된다. 그럼에도 불구하고 현 상태에 안주하거나 만족하지 않는다. 다양한 아이디어와 대책으로 까다로우면서도 진지하게 일하고 있다. 왜냐하면 흐트러진 자세는 반드시 사고 등 문제로 이어지고, 그 결과 승객의 신뢰를 잃을 수 있기 때문이다. 오랫동안 철도 안전에 임해온 철도맨으로서 이 점만은 확신할 수 있다. 그러므로 그런 사태를 미연에 방지하기 위하여 다양한 대책이 필요하다.

어느새 텟세이에는 이런 문화가 생겼다. 우리는 늘 '다음은 뭘 할 수 있을까?' '이런 일도 할 수 있지 않을까?'라는 생각을 집요하게 하는 것이다.

그러나 모회사인 JR동일본이 처음부터 우리가 생각한 모든 일들을 호의적으로 받아들였던 것은 절대 아니다. 지금과 같은 시스템이 만들어지기 전에는 '이렇게 해보고 싶다'는 아이디어에 대해 이런 피드백이 돌아오기도 했다.

"청소하는 직원들이 그 이상의 일을 하면 곤란한데요."

기업으로서 당연한 반응이다.

하지만 텟세이는 이런 목소리에 대담하게 반론을 제기했다. 현장에서 직접 청소를 실행하는 사람은 우리 텟세이이므로, 우리만이 볼 수 있는 것과 우리만의 촉으로 알 수 있는 문제점이 있음을 내세웠다. 이것은 무엇보다 승객에게 중요한 일이다. 왜냐면 신칸센을 이용하는 승객에게는 역이나 차내에서 일어나는 모든 일이 '추억'으로 이어지기 때문이다. 바꿔 말하자면 텟세이는 청소라는 일을 통해 승객에게 추억을 만들어 줌으로써 감동을 주기 때문에, '하는 일이 청소니까, 그 이상은 곤란하다.'는 생각은 완전히 모순이다.

이런 이유로 본사의 미온적 태도에 굴하지 않고 계속해서 다양한 제안과 실천으로 도전한 결과 어느새 본사인 JR동일본도 텟세이의 노력을 전면적으로 인정하고 지원하고 있다. "JR은 운송기관이라는 의식이 강하기 때문에 서비스나 고객 감동의 측면에서는 아직 바꿔야 할 점들이 있다. 고객 감동에 있어서는 텟세이가 JR그룹보다 한 발, 아니 두 발 이상 앞서 가고 있다. 게다가 텟세이의 열정은 이제 우리가 더는 막을 수 없다."라고 할 정도이다. 텟세이의 노력을 이해하고 인정한 결과이므로 정말 감사할 일이다.

"엄마, 정말 대단해요!"라는 한마디

2011년 3월의 〈닛케이비즈니스〉에서 특집으로 소개될 때 잡지 표지에 텟세이가 일하는 현장 모습이 실렸다. 그 잡지가 발행된 후 얼마 지나지 않아 이런 일이 있었다. 신칸센 홈을 걷고 있는데, 인스트럭터(Instructor, 교육 담당 직원)인 T 주임이 종종걸음으로 달려와 숨차게 말을 이었다.

"부장님, 〈닛케이비즈니스〉에 텟세이가 실린 소식을 고향에 계시는 어머님께 전화로 말씀드렸더니 우셨어요. 저희 딸아이도 '엄마, 정말 대단해요.'라고 칭찬해 줬고요. 저는 잡지를 10권이나 샀어요. 어머니와 친척들에게 보낼 생각이에요. 승객들도 〈닛케이비즈니스〉를 읽었다면서 말을 걸어오는 걸 보면 우리가 하는 일이 틀리지 않았어요. 그렇죠?"

T 주임의 눈에 어느새 눈물이 반짝였다. '승객을 위해 무엇을 해야 할까?'라는 고민에 빠진 나에게 큰 힘이 되는 말이었다. 왜냐면 답은 이처럼 순수하고 참다운 사람들에게 있었다. 이들과 함께 더 새로운 텟세이를 창조하면 되기 때문이다.

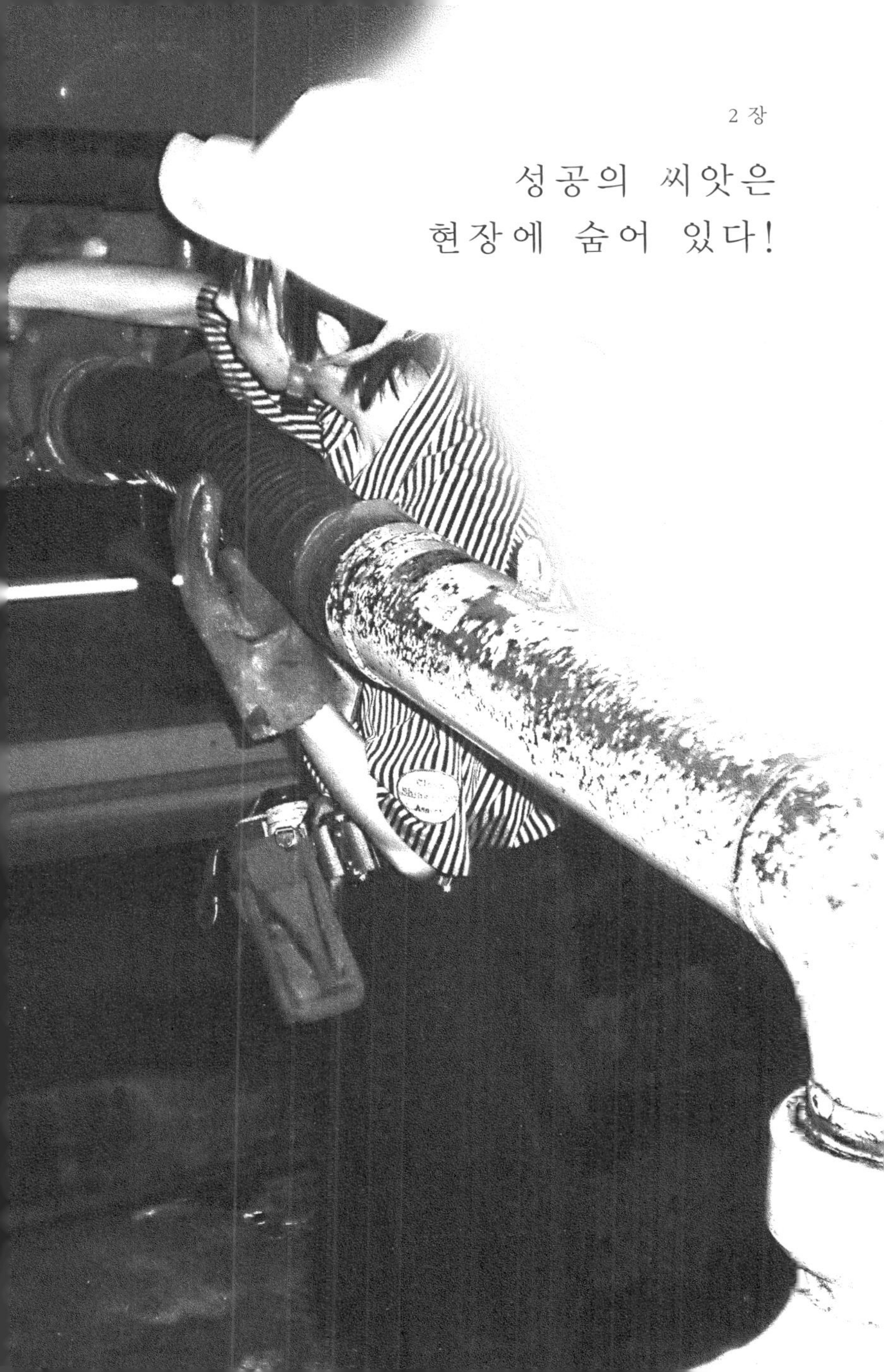

2 장

성공의 씨앗은
현장에 숨어 있다!

엄청난 역할이
주어지다!

지금은 그야말로 엄청난 주목을 받으며 수많은 승객들을 즐겁게 하는 텟세이지만, 이렇게 변화하기까지의 과정은 결코 순조롭지 않았다.

내가 철도정비주식회사(텟세이)로 직장을 옮겨야 한다는 사실을 전해들은 것은 2005년 7월 1일, 엊그제 같지만 어느덧 8년이나 지났다. 지난 세월을 돌아보면 나 스스로도 '참 열심히 살았구나!'라고 칭찬하고 싶을 정도다. 어쨌든 처음에 여기로 발령받았다고 했을 때 나는 '왜 하필이면 그런 곳에……'라는 생각을 떨쳐 버릴 수 없었다.

나는 규슈(九州)에서 태어나 고등학교를 졸업하고 옛 국철에 입사했다. 대학에 진학하고 싶은 생각도 있었지만, 당시 집안의 경제 상황이 허락하지 않았다. 입사 후 규슈 철도관리국에 배속되어, 증기기관차의 보일러를 닦기도 하고 가마 불 피우기를 담당하면서 늘 새까맣게 하고 다녔다. 가장 밑바닥에서부터 경험을 쌓아 올라간 셈이다.

그리고 어느새 수십 년이 지나 그사이 국철도 민영화되었다. 그 무렵 나는 JR동일본의 안전대책부에서 과장대리로 일했다. 그러다가 과장이 되어 도쿄 지사로 옮겨 와 현재 수도

권에서 사용되고 있는 '아토스'라는 열차운행 관리시스템과
수도권의 수송을 관리하는 업무를 맡았다. 그 후에는 쥬오센
(中央線)의 다치카와 역장(立川駅長)으로 임명되었고, 요코하
마(橫浜) 지사의 운수부장(運輸部長)을 거쳐 도쿄(東京) 지사
의 지령담당부장이 되었다.

이처럼 나는 처음부터 안전관리를 전문으로, 한결같이 안
전만을 고집하며 현장에서 줄곧 한쪽으로만 매진해 왔다. 자
화자찬처럼 들리겠지만, 이 분야에서 나름 성실하게 일해 왔
다고 자부한다.

그렇기 때문에 일이 완전히 다른 텟세이행이 결정되었을 때
는 정말 심란하기까지 했다. 당시 텟세이는 일 자체가 단순한
데다 이런저런 어려움도 많아, 솔직히 말하면 그다지 평판이
좋지 않은 회사였다. 사고도 많고 승객들로부터 클레임도 잦
아 의욕 있게 일하던 사람마저도 계속 이 일을 할 마음이 생
기지 않는다고 할 정도였다.

'내가 정말 저런 곳에 간단 말인가……' 이것이 나의 솔직한
기분이었다. 그러나 한편으로는 '어차피 가야 한다면 즐거운
회사로 만들자!'라는 생각도 들었다. 지난 40년 동안, 오로지
철도만을 운명으로 알고 혼신을 바쳐 온 내가 아닌가. 정년을
맞은 후 재취업한 곳이기 때문에, 텟세이는 내 생의 마지막

직장이나 다름없다. 별로 마음이 내키지 않는다는 이유로 여기서 보람 없이 마무리를 해버린다면 오랜 세월 동안 최선을 다해 온 나의 자부심은 흔적도 없이 사라질지도 몰랐다.

'내 평생의 회사 생활을 이곳에서 완성시킨다.'는 거창한 포부를 안고 나는 텟세이에 재취업하기로 결정했다.

베테랑 청소부에게 배운 '배려'

텟세이에 입사하자마자 나는 현장 스태프들이 의외로 능력도 뛰어난 데다 성실하고 진지하게 일에 몰두하고 있다는 사실을 알게 되었다. 외부에서 느꼈던 이미지와는 전혀 다른 발견이었다. 하지만 이러한 그들의 열정이 현장에서의 활기로 연결되지 않는다는 사실도 발견했다. 스태프들의 노력이 정확하게 평가되지 못하고 있다는 것은, 회사의 관리체계가 제대로 작동하지 않고 있다는 뜻이 아닐까. 부당한 것을 그저 보고만 있지 못하는 고지식한 내 성격 탓이겠지만, 나는 이것을 한번 바꾸어 보리라 마음먹었다.

그렇다면 어떻게 바꿀 것인가? 나에게 이러한 계기를 마련해 준 사람은 바로 내가 부임한 지 얼마 안 되어 현장 실습을 하고 있을 때 실습 선생님이었던 H 주임이다. 그녀는 이렇게 말했다.

"요즘 여행에 익숙하지 않는 어르신들이 많이 찾아오고 계세요. 하지만 우리는 7분 만에 청소를 끝내야 하니까 바쁘기도 하고 연속 작업도 있어서, 뭘 물어보셔도 제대로 대응할 수가 없어요. 어쩌다 안내해 드렸다 해도 그 후에 어떻게 하셨는지 정말 걱정이죠. 야베 부장님, 고령화 사회에서 노인분들을 제대로 도와 드릴 수 있는 시스템을 만들어야 하지 않겠어요?"

이 말이 구구절절 가슴에 와 닿았다. 정말 백번 수긍이 가는 말이었다.

텟세이는 앞에서 말한 것처럼 당시 그다지 평판이 좋지 않았다. 이를 만회하기 위해서라도 청소에만 매달려서는 안 된다고 판단했다. '그럼 어떻게 하지?' 오랫동안 이 문제를 두고 생각에 잠겼다.

어느 날 현장 실습을 하기 위해 홈에서 열차가 도착하기를 기다리고 있었다. 그때 갑자기 H 주임이 "야베 부장님, 조금만 기다려 주세요!" 하고는 달려갔다. '무슨 일일까?' 생각하며 그녀가 달려가는 방향을 바라보았더니 막 계단을 올라와 숨이 차 헐떡이는 노부부의 모습이 눈에 들어왔다.

내가 달려가자 H 주임은 노부부에게 말을 걸고 있었다. "지금 니가타(新潟)행 열차를 놓치셨나요? 이런, 죄송합니다. 다음 열차까지는 아직 시간이 있습니다. 대합실까지 안내해 드리겠습니다."

그녀의 행동을 보면서 대단한 통찰력을 가진 사람임을 알 수 있었다. 계단을 올라오는 승객의 분위기만 보고 단번에 상황을 알아차리고 행동에 옮기다니……. 그 순간 '어쩌면 텟세이의 많은 스태프들이 모두 이처럼 배려가 깊은 사람들이 아닐까? 하지만 그것을 그대로 실행할 기회가 없어 억울해하는 것은 아닐까?' 하는 느낌이 들었다.

코멧 슈퍼바이저가 도움이 필요한 승객의 승차권을 확인하고
어느 쪽, 몇 호차를 타야 하는지 알려드린 후 승차 위치까지 안내한다.

신칸센의 좌석은
호텔 객실

입사 초기, 실습 기간은 1개월 정도였는데 그 과정에서 이런 일도 있었다. 다바타 서비스센터에서 있었던 일이다. 그때 실습 선생님은 베테랑 파트너(텟세이에서는 '파트타임 스태프'를 이렇게 부른다)였다. 내가 회사에서 실습을 하고 있는데 갑작스런 질문을 해왔다.

"야베 부장님, 승객이 이 좌석을 얻기 위해 얼마를 지불했는지 알고 있나요?"

"거리에 따라 다르겠지만 몇만 엔이겠죠?"

"그렇습니다. 거의 호텔 요금과 같아요. 그만큼 돈을 받기 때문에 우리는 이 좌석 하나하나를 호텔의 객실로 생각하고 정성껏 청소하고 있어요."

텟세이의 직원들이 모두 이런 생각으로 일한다고? 내가 보고 느낀 모든 게 세상 평판과는 거리가 멀었다. 이들의 생각을 승객들에게 제대로 전달하면서 가치를 함께 실현해 가야겠다는 생각이 들었다. 나는 그 뒤로 스태프들의 제안 한마디 한마디를 모두 메모해 두기 시작했다.

JR동일본 신칸센의 E5계열에는 슈퍼그린차인 '그랜클래스(gran class)'
차량이 하나 연결되어 있다. 좌석 수는 18석. 비행기로 치자면 비즈니스석이다.
숙련된 기술을 가진 코멧 슈퍼바이저 3명이 담당하고 있다.

현장의 문제와 그 답은
현장이 가장 잘 안다

스태프들의 말을 계기로, 나는 텟세이란 조직 본연의 모습을 세심하게 관찰하기로 했다. 지금까지 텟세이의 경영자가 해온 일은 한마디로 '관리'였다. "이것을 잘 지켜주세요." "이런 일은 안 됩니다." 등 행동지침이나 규칙, 매뉴얼을 정하고 철저하게 이행하게 하는 것이었다.

텟세이는 오퍼레이션을 중심으로 움직이는 회사이므로 단 7분 만에 차량 청소를 깨끗하게 하려면 '관리'를 하지 않으면 안 된다. 그러나 관리를 하는 것만으로 진정한 경영을 하고 있다고 말할 수 있을까? 엉뚱하다는 생각이 들지 모르나 나는 경영자의 역할은 다른 곳에 있다고 생각한다.

나는 현장의 과제와 그 개선책은 현장 스태프가 가장 잘 안다는 신념을 갖고 살았다. JR에서 철도 관련 일을 할 때부터 이 사실을 몇 번이나 실감했다. 이 생각을 바탕으로 JR동일본에서 일할 때는 내가 중심이 되어 '챌린지 세이프티'라는 안전 운동을 실시했다.

"자기 주변의 안전 과제를 발굴하자!"

"함께 논의해 대책을 강구하자!"

"우리가 만든 대책을 스스로 실천하자!"

사실은 이처럼 단순한 운동이다. 철도는 모두 매뉴얼에 의해 움직이는 시스템이다. 매뉴얼에 의한 반복 활동을 계속 하다 보면 아무래도 스스로 생각하고 실천하기가 어려워진다. 그러나 자연스럽게 생각을 유도하는 이 운동은 효과가 탁월했다. 나는 이 사고방식을 안전뿐만 아니라 경영에도 적용해 보기로 작심하고 텟세이 스타일로 다음과 같은 항목을 추가하였다.

"우리가 할 수 없는 것은 회사에 알리자!"

"회사는 직원의 요청을 검토하고 모두에게 전하자!"

"이렇게 얻은 기쁨을 우리 모두 함께 나누자!"

물론 당시 텟세이 스태프들에게 갑작스럽게 이런 말을 한다 해도 소용없을 것이었다. 당시 스태프들은 '상부에서 하라는 대로 일하면 된다.'는 마인드로 움직였기 때문에, 느닷없이 지금부터 이런 사항을 행동에 옮기라고 해도 무리였다.

내가 텟세이에 입사한 초기에는 이런 비전을 받아들일 수 있는 조직 풍토가 없었다. 나는 먼저 회사에서 하나씩 구체적인 방법과 대책을 생각한 후 그것을 실천하면서 통합하면 지금 말한 것처럼 큰 흐름이 되어, 자연스레 시스템을 구축할 수 있을 거라고 믿었다. 이때, 실습 당시 적어두었던 메모가 큰 역할을 한 것은 두말할 것도 없다.

본사는
아무것도 모른다

텟세이에 입사한 후, 여러 스태프들의 반응을 보기 위하여 내 생각을 조금씩 드러내며 프로젝트를 추진해 왔다. 그러다 입사해서 1년 반이 지난 2007년 4월부터는 '새로운 토털 서비스'를 목표로 하는 경영 계획을 제시했다.

이때가 변화의 원년이었다. 나는 "앞으로 텟세이 본사는 현장 제일선의 지원 조직으로서 그 기능을 다한다."라고 선언했다. 경영 계획에도 이 점을 명확하게 기록했다. 스태프뿐 아니라 본사의 부장들도 별로 걱정하지 않는 것 같았지만, 나로서는 대담한 선언이었으며 각오가 필요한 일이었다.

일반적으로 본사에 있는 사람들은 자신들이 회사 전체를 이끌어 간다고 생각하기 쉽다. 그러나 정말 그럴까? 알고 보면 오히려 책상에만 앉아 안주하고 있는 경우가 많다.

한번은 술자리에서 주임 한 명이 이렇게 말했다.

"이러쿵저러쿵 해도 본사는 아무것도 모릅니다."

이 한마디가 모든 것을 말해 준다.

보통 기업에서는 본사는 전략, 지사는 전술, 현장 제일선은 실천, 이런 식으로 역할 분담을 확실히 한다. JR시대부터 그렇게 생각했으나 텟세이는 이런 역할 분담이 되어 있지 않았다. 본사가 거꾸로 현장 제일선의 디테일한 부분까지 참견하고 있었기 때문이다. 그 결과 현장에서는 '본사는 아무것도 모른다.'고 호소하기에 이르렀던 것이다.

나는 본사의 기능을 '투자, 제도, 인사'로 특화해야 한다고 본다. 그리고 현장 제일선의 과제와 그 해결책에 대해 잘 알고 있는 스태프들의 역량을 잘 활용하여, 현장 사람들의 의욕과 보람 그리고 자긍심을 이끌어내는 것이다. 그러자면 경영자로서 배짱이 필요했다.

물론 본사는 조직이 나아가야 할 길을 제시한다는 중요한 역할을 담당하고 있다. 위에서 아래로의 톱다운(top-down, 상부의 경영진이 내린 지시를 직원들이 실행하는 상명하복 방식)을 하지 않으면 안 되는 부서다. "새로운 토털 서비스를 목표로 하자."는 목표는 이런 맥락에서 나온 것이다. 이 톱다운을 바탕으로 현장 스태프들이 아래에서 위로의 보텀업(bottom-up, 현장 직원들이 전하는 정보와 의견을 상부에서 수렴하여 의사결정하는 방식)으로 목적을 달성하기 위해 열심히 노력하는 조직이 된다면 더할 나위 없는 일이다.

JR에서 일하면서 나는 우여곡절 끝에 이러한 생각을 끌어냈다. '안전은 톱다운으로 시작하고, 보텀업으로 완성한다.' 다시 말하면 '조직의 도전은 리더 한 사람뿐만 아니라 거기에 소속되어 일하는 모든 구성원의 노력과 성과에 의해 이루어진다.'라고 생각했다.

말을 꺼내는 사람은 한 사람일지라도, 그것을 달성하는 것은 모두의 몫이다. 그렇게 되어야만 일하기 편한 회사이며 나는 그것을 목표로 삼았다.

어느 정도 예상은 했지만, '토털 서비스를 목표로 하자.'는 경영 계획을 발표했을 때, 스태프들은 반발하기보다는 황당하다는 반응이었다.

“새로운 토털 서비스란 게 뭐지? 설마 홈에서 찐만두를 팔기라도 하자는 건가?” 스태프들에게 대놓고 핀잔을 들었다. 그때 왜 찐만두 얘기가 나왔는지는 지금도 알 수 없지만 말이다.

그러나 이곳에 와서 1년 반 동안 내 눈으로 직접 보아온 이상, 이 스태프들은 언젠가 나와 함께해 줄 거라고 믿었다. 아무리 내가 의욕을 보여도 현장 스태프들이 같은 생각을 가져주지 않는다면 어쩔 수가 없다. 스태프들의 의욕을 불러일으키기 위해 내가 가장 먼저 한 것은 스태프들이 나를 주목하게 하는 것이다.

내가 제창한 토털 서비스란 말 그대로 모든 서비스를 목표로 하기 위해서 붙인 이름이다. 하지만 음료수를 파는 등 ‘모든’ 서비스를 제공하겠다는 의미는 아니다. 텟세이의 상품은 영원히 ‘청소’이지만, 신칸센을 이용하는 승객들이 ‘텟세이의 스태프 덕분에 멋진 여행을 즐길 수 있었다.’ ‘그분들 덕분에 기분이 좋아졌다.’ 등 스태프들과의 ‘따스한 만남’을 ‘추억’이란 ‘선물’로 가지고 돌아가길 바랐다. 그 추억을 제공하기 위해 다양한 일에 도전해야 했고, 또 스태프 모두의 생각을 듣고 싶어서 ‘토털 서비스’라는 이름을 붙인 것이다.

또한 토털 서비스를 현장에서 실천함으로써 스태프들이 많

은 사람들에게 인정받고 '자신의 일', '세상에서의 역할'에 대
해 되새기는 계기를 찾아 '자부심'과 '즐거움', '보람'을 얻기를
바랐다.

'여행의 추억'을 선물하자

지난 8년 동안 "우리가 파는 상품은 무엇인가?"를 수없이
확인했다. 이 점에 대하여 이야기할 때, 나는 언제나 "우리는
단지 '청소'를 팔지 않는다."라고 말하곤 했다.

도쿄 역에서 우에노 역까지의 JR동일본 신칸센을 이용하는
승객은 하루에 약 16만 명이나 된다. 도호쿠-조에쓰 신칸센
(東北·上越新幹線) 등 다섯 방면의 신칸센 전체 이용자 수를
봐도 하루에 26만 명에 달하며, 설이나 연말에는 이 몇 배가
된다. 승객들은 각자 서로 다른 목적으로 적지 않은 돈을 지
불하면서 신칸센을 이용하고 있다.

"'여행의 추억'을 파는 것이야말로 우리들의 상품이다!"

하루에도 수많은 승객들과 소중한 만남을 쌓고 있는 텟세
이 구성원에게 있어서 그 만남을 '추억'이라는 선물로 간직하
도록 해주는 것이 우리의 미션이라는 결론에 이르렀다. 그리

고 이 훌륭한 상품의 부가가치를 더욱 높이는 것이 바로 승객에게 감동을 전하는 것임을 깨달았다.

당연한 일이지만 선물은 도쿄 역 여기저기에서 판매되고 있다. 가게 안에 발을 들여놓기만 하면 누구라도 똑같은 물건을 손에 넣을 수 있다. 그러나 '추억'이라는 선물은 다르다. 그것은 어떤 것과도 바꿀 수 없는, 누군가의 인생에서 단 하나뿐인 선물이다. 그렇다면 오직 우리밖에 할 수 없는 서비스로 '텟세이표 추억'을 상품화하면 된다. 여기까지 설명하면 이러한 질문이 따르기 마련이다.

"야베 부장님, 우리 일은 청소예요."라고 하는 스태프들에게 모든 모임이나 연수 때마다 이런 질문을 던졌다.

"여러분이 스스로를 청소의 프로라고 생각하는 점은 참으로 훌륭한 일입니다. 그런데 우리는 무엇을 위해 청소를 하나요?"

"그것은 물론 승객들이 즐거운 여행을 할 수 있도록 하기 위해서죠."

"그렇군요. 그럼, 한 가지 예를 들어볼게요. 어느 레스토랑의 주방장의 요리가 맛있다는 소문을 듣고 당신이 그 레스토랑에 갔다고 합시다. 그런데 종업원들이나 웨이터의 태도가 형편없다면 어떨까요?"

"……."

"아무리 주방장의 요리가 맛있다고 해도, 다른 서비스가 좋지 않다면 승객에게 만족을 줄 수 없습니다. 여러분은 주방장인 동시에 웨이터입니다. 새로운 토털 서비스란 바로 승객들이 즐거운 여행을 만끽할 수 있도록 하는 것이죠. 모든 면에서 최상의 서비스를 추구해 가는 것입니다."

"……."

"여러분이 하는 일은 청소지만, 근본적으로는 고객 감동을 위한 서비스입니다."

이렇게 사례를 들자 스태프들은 이해를 했는지 그 이후로 '찐만두' 같은 말도, "우리는 그냥 청소만 하면 됩니다."라는 소리도 더 이상 꺼내지 않았다.

게다가 파트너와 사원들이 모인 강연회나 회의에서도 나는 귀에 못이 박이도록 이런 말을 했다.

"죄송하지만 여러분은 사회라는 하천의 상류에서 흐르고 흘러, 지금 텟세이라는 하천의 하류에 이르렀습니다. 그렇지만 하류라고 자신을 비하하지 않기를 바랍니다. 여러분이 청소를 하지 않으면 신칸센은 움직일 수 없습니다. 여러분은 그냥 청소하는 아저씨, 아줌마가 아니에요. 세계 최고의 기술을 자랑하는 JR동일본 신칸센의 유지보수를 맡은, 구체적으로 말하면 청소라는 분야의 유지보수 기술자들입니다."

이렇게 말하자 모여든 많은 스태프들의 눈이 반짝하고 빛났다. 설레고 기뻐하는 기색이었다. 그러나 단지 이것만으로 스태프들의 마음이 움직였다고 단정 지을 수 없을 만큼 현실은 그리 호락호락하지 않았다.

당시 텟세이에는 직원이 약 700명이나 되었는데, 이 구성원들에게 "자신을 청소부라고 생각하던 시대는 끝났다."고 아무리 교육하고 설명해도 그들에게 전폭적인 신뢰를 받기까지는 시간이 걸렸다.

때문에 내 생각을 모든 구성원에게 전파할 수 있는 사람들을 세우고 그들을 통해 간접적으로 내 생각을 전하자는 대안을 생각해 냈다. 토털 서비스를 제공한다는 텟세이의 새로운 모습을 '코멧'을 통해 보여주고자 했다.

일본에서는 혜성을 '빗자루별'이라고도 한다. 혜성의 긴 꼬리가 '빗자루'처럼 보인다는 점에서 붙은 것이다. 빗자루를 들고 청소하면서 '상황이 다급한 승객 앞에 반짝하고 나타나' 그들을 돕고 서포트 하며 일이 끝나면 어느새 사라지는 '혜성' 같은 존재라는 의미에서 '코멧'이라는 애칭을 달았다. 그 적임자가 바로 코멧 슈퍼바이저(CSV, Comet supervisor)이다. 그린차(일본 JR의 특별 객차의 객석)를 담당하는 부서로서, 예전부터 있었던 '코멧 클린센터'를 바탕으로 한 팀이다. '코멧 클린센터'는 코멧 승무원(Comet crew)이라 불리는 사람들이 배치되어 도쿄 역에서 갈아타는 신칸센 특별석과 홈, 화장실의 청소를 담당하고 있었던 부서다. 그녀들은 자발적으로 승객을 안내하고 있었는데, 그 조직을 재편성해서 명칭을 바꾸고 청소를 하면서 본격적으로 승객을 서포트 하기로 한 것이다.

승객을 서포트 하는 프런티어라는 자부심을 심어주기 위해 제복을 새롭게 통일하고 내가 직접 교육과 트레이닝을 맡았다. 한결같이 철도회사의 안전 분야에만 신경 써온 나로서는 서비스 커리큘럼을 만들고 정리하는 자체가 미지의 세계였다. 하지만 다들 내가 어떻게 하나 지켜보고 있었기 때문에 뭔가를 해내지 않으면 모든 계획이 수포로 돌아가고 말 것이었다.

CSV로 임명된 14명은 최소한 내 생각을 충분히 이해하고 함께 실천해 나가자고 약속했다. 다른 멤버들이 이 14명 CSV의 활약을 눈으로 직접 보면서 여러 가지를 느끼게 하는 편이 내가 입이 닳도록 수백 번 수천 번 말하는 것보다 훨씬 효과가 좋기 때문이다.

이런 일은 이른바 본업인 청소의 범위를 벗어난 일이었기 때문에, 승객을 서포트 하는 데에 이런저런 일이 필요하다고 JR동일본에 보고했을 때 대단히 놀라는 눈치였다. 아니나 다를까 JR동일본에서는 비용 문제에 대해 물어왔다. CSV라는 스태프가 있어야 하기 때문에 그 부분의 비용이 발생하는지에 대해 궁금할 수밖에 없었다. 그때 나는 "물론 비용은 들기 마련입니다. 그러나 자발적으로 시작하는 것이므로 지금은 지원을 요청하지 않겠습니다."라고 대답했다.

돈이 필요 없다고 말한 것에는 나름대로의 이유가 있다. 만약 처음부터 그들에게서 재정 지원을 받으면 JR동일본의 의사를 그대로 반영해야 하는 것은 불 보듯 뻔한 일이다. 그것만은 피하고 싶었다.

무엇보다도 실적을 쌓는 것이 급선무인데, 본사가 관여하면 원래 의도대로 잘 이루어지지 않을 수도 있다는 생각이 들었다. 그래서 JR동일본에는 "실적이 생기면 청구하겠습니다."라고 일러두고 승객에게 좋은 평가를 받는 등의 실적을 쌓아, 드디어 3년 후에는 비용의 일부를 지원받았다.

이는 먼저 성과를 만들어 신용을 얻은 것인데, 만약 처음부터 JR동일본의 지원을 받아들였다면 CSV의 성공은 불가능했을지도 모른다. 이처럼 새로운 것을 시작할 때는 바로 수

익과 연결시키지 말아야 한다. 실적을 거듭 쌓은 후 그것을 비즈니스로 어필하는 것이 더 중요한 일이다.

현재 도쿄 서비스센터에는 약 24명의 CSV가 있다. 연수나 팀 내부의 자발적인 훈련을 통해 매너나 행동양식 등을 완벽하게 몸에 익히도록 했다. 이들은 텟세이의 모든 구성원을 리드하는 중요한 역할을 담당하고 있다.

물론 그 사람들도 처음부터 이런 방침을 이해했던 것은 아니다. 내 생각에 찬성하지 않고 사표를 낸 사람도 있었다. CSV를 뉴스에 등장시키거나, 여러 모임에도 참여해 부각시키면서 서서히 형태를 만들어 갔다. 텟세이를 돋보이게 하기 위해서는 눈에 띄게 할 필요가 있었다.

"야베 부장은 CSV에 젊은 여자들이 있어서 매일 찾아간다."라는 소문이 회사에 돌았을 때, 나는 '됐다!'라고 생각했다. 관심이 있다는 증거이기 때문이다.

그런대로 잘나가기는 했지만, 이 방법은 주변에서 적극 커버해 주지 않으면 자칫 CSV 스태프들이 다른 직원들과 소통 없이 고립되기 쉬웠다. 그러므로 정말 디테일한 것까지 세심하게 주의를 쏟아야 했다. 이런 상황에서도 우리가 성공한 것은 엄청난 고생을 했다는 반증이기도 하다.

고작 유니폼,
그래도 유니폼

스태프들을 완벽하게 만드는 또 다른 수단은 무엇일까? 그것은 그들이 매일 입고 일하는 날개와 같은 유니폼이다. 그때까지만 해도 텟세이의 유니폼은 보기만 해도 그야말로 '청소하는 아줌마, 아저씨'를 연상시켰다. 사람은 눈에 비치는 모습과 맵시에 좌우된다고 승객들에게는 '청소뿐만 아니라 서비스도 제공하는 사람'이라는 이미지를 떠올리게 만들 디자인이 필요했다. 사람들의 시각이 달라질 때 본인도 변하려고 애써 노력하기 마련이다.

그러나 유니폼 교체에도 스태프들의 반발이 따랐다. 대부분 지금 유니폼이 제일 좋다고 말했다. 그래서 한 가지 방법을 생각해냈다. 유니폼 견본을 30가지 정도 가지고 와서 "여러분이 가장 맘에 드는 것으로 투표하기 바랍니다."라고 권유했다. 투표 결과는 완전 제각각이었다. 그때 나는 미리 정해둔 유니폼을 보이며 "투표 결과, 이것이 1위입니다."라고 선언해 버렸다. (지금에야 하는 말이지만, "스태프 여러분 정말 죄송합니다.")

이러한 우여곡절 끝에 도입한 유니폼의 효과는 아주 이상적이었다. 그때까지만 해도 승객들은 설사 불편을 느껴도 텟세이 스태프의 유니폼을 보고는 "아, 청소하는 사람들이군. 이들에게는 뭘 물어봐도 소용없겠네."라고 말하곤 했다. 그런데 새 유니폼으로 바꾼 후 이런 저런 질문을 받는 쪽으로 바뀌기 시작하자 스태프들은 승객들이 우리를 바라보고 있다는 사실을 스스로 의식하게 되었다.

또한 스태프들에게 새로운 제복을 인지시키기 위하여 여러 가지 연구를 했다. 그중 한 사례로 파트너 T 씨의 이야기를 들어 보자. 처음에 새 유니폼에 대해 탐탁치 않아하던 T 씨가 집에 돌아가서 새 유니폼을 입고 가족에게 보이며 "어때?"라고 물었더니 뜻밖에 "너무 멋져요!"라는 대답을 들었다고 한다. T 씨는 무척이나 흐뭇한 표정으로 자랑을 늘어놓았다. 나는 T 씨에게 빨리 그 사연을 써서 사내 벽보에 올리게 했다. 그 후에도 계속 승객들이 "유니폼이 정말 멋져요."라고 했다는 말을 전해 들으며 나는 가까스로 안도의 숨을 내쉴 수 있었다.

청소부들이 입는 제복이라는 의식의 한계를 넘어 과감하게 레스토랑, 오락 시설 등 서비스업에서 입는 산뜻하게 돋보이는 유니폼 카탈로그에서 고른 덕분이기도 했다. "돋보이는 것이 눈에도 띈다."는 내 생각이 성공한 케이스이다.

코멧 슈퍼바이저의 봄, 여름, 가을 유니폼.

코멧 슈퍼바이저가 고객들이 너리는 것을 기다리고 있다.
또한 노인, 어린이 승객 하차를 돕는다. 사진은 겨울 유니폼.

유카타를 입고 어린이 승객을 맞이하는 텟세이 스태프.

유니폼은 승객들이 스태프들을 바라보는 시선을 바꾸기도 했지만,
스태프들 스스로의 마음가짐을 변화시키는 데도 한몫을 했다.

돈이 없다는 이유로 포기하고 싶지 않다

나는 5년 후에도 유니폼을 바꾸었다. "그렇게 유니폼을 자주 바꾸다니, 텟세이는 부자인가 봐."라는 말을 듣기도 했는데, 사실은 전혀 그렇지 않다. 매출의 대부분을 JR동일본으로부터 받고 있기는 하지만 텟세이는 그렇게 넉넉하지 않다.

그때까지의 유니폼은 주문 제작한 일본 제품이었는데 나는 디자인 대비 가격이 높다고 생각했다. 게다가 스태프들의 입사와 퇴사로 인해 어느 정도 재고를 두지 않을 수도 없어 유니폼을 보관하는 큰 창고도 있어야 했다.

나는 주문 제작을 기성품으로 바꾸기 위해 중국 브랜드를 선택했다. 전화 한 통이면 필요한 만큼 가져다주도록 하여 재고도 격감시키고, 생산 원가를 예전에 비해 한 벌당 1천 엔 이상이나 낮추었다. 당시 종업원이 700명이나 되었으니 경비를 크게 절감할 수 있었다.

"돈이 없기 때문에 아무것도 할 수 없어요."라며 포기할 것이 아니다. 없으면 없는 대로 지혜를 발휘해야 한다. 자신의 생각을 실현하기 위해서는 그런 마인드가 필수다. 그렇지 않으면 아무 일도 진행할 수 없다.

'산뜻함, 안심, 따뜻함'이란
새로운 캐치프레이즈

한 가지 생각을 모든 구성원에게 철저하게 전파하려면 구체적인 행동과 함께 정확한 캐치프레이즈가 필요하다. 그래서 경영자 측과 스태프들이 협력하여 《스마일 텟세이》라는 텟세이의 '바이블'을 만들었다. 이 소책자에서 선언한 대표적인 캐치프레이즈가 바로 '산뜻함과 안심과 따뜻함'이다.

> 🐦 산뜻함
>
> 역이나 차내 공간은 승객을 마중하고 환대하는 무대다. 만약 이 무대가 깨끗하지 않다면 어떤 서비스도 엉망이 된다. 이 무대를 청결하고 산뜻한 공간으로 만들자.
>
> 🐦 안심
>
> 텟세이는 신칸센 수송을 담당하고 있으므로 안전 보장은 무엇보다 중요한 임무이다. 철저하게 안전을 도모하는 동시에 단정한 몸가짐, 민첩한 동작으로 안심과 신뢰를 깊게 쌓자.

나는 또 이러한 생각을 모든 구성원에게 알리고자 팸플릿을 만들어 이른바 '추억 만들기 캠페인'을 벌이기도 했다. 이러한 흐름이 만들어지자 조직 내에 존재하던 여러 가지 벽이 점점 허물어지기 시작했다.

의욕의 원천은
생활과 신분의 안정에 있다

뗏세이에는 인생 경험이 풍부한 사람들로 넘쳐난다. 뗏세이에 입사하기까지 정말 여러 가지 직업을 경험했었고, 직업에 대해 여전히 고민 중인 사람도 적지 않다.

이런 사람들이 각자 경험을 바탕으로 뗏세이에서 더욱 활발하고 신나게 일할 수 있게 하려면 어떻게 해야 할까? 이 문제를 해결하기 위하여 생각해 낸 것이 우선 일하는 사람의 생활과 신분을 안정시키는 전략이다.

텟세이에서 일하는 사람이라면 그 누구라도 캐리어패스(경력 관리, 인재를 목표로 가야 할 최종지점까지의 코스 모델)를 공평하게 가질 수 있도록 조건을 마련하기로 했다. 그렇게 탄생된 것이 바로 현재의 인사제도이다.

이때까지만 해도 정사원이 되는 길은 우선 파트타임을 경험한 후, 현장장의 추천을 받아야만 비로소 사원채용시험을 볼 수 있었다. '현장장(現場長)'은 직함이 아니라, 소장이나 센터장 등 현장·직장의 장(長)의 총칭이다. 시험에는 45세 이상이라는 연령제한까지 있었다.

그러나 새롭게 정한 제도로는 1년 이상의 파트타이머 기간을 경험하면 누구라도 시험에 응시할 수 있다. 텟세이에서는 과거에도 그랬고, 현재 입사하는 사람도 누구든 파트타임으로 시작한다. 또한 입사 후 2년 이상 지나면 누구나 주임시험을 볼 수 있는 자격을 부여받는다. 주임이 되어 3년 이상 지나면, 현장장의 추천을 받아 다시 관리자 시험을 볼 수 있게 했다.

또한 원래는 정년이 63세였는데 정년을 넘겨도 파트타임 등의 방식으로 65세까지 일할 수 있는 위탁제도를 만들었다. 원칙이 '65세 이상'이므로 현실적으로 65세가 지나도 건강하게 일하고 있는 사람들도 많다.

하루 일과를 시작하는 텟세이 스태프 모습.

출근 후, 각자 사무소에서 그날 담당할 신칸센 도착 홈과 차량 번호를 확인하고
숙지한다. 다 같이 미팅을 한 후 신칸센 플랫폼으로 향한다.

세상의 생각과 다른
이유 있는 역행

내가 텟세이에 입사했을 당시만 해도 스태프 중 파트타이머의 비율이 58%이었다. 일반 기업과 마찬가지로 비용 절감 차원에서 따져보면 파트타이머의 비율을 늘리는 방향이 회사의 발전에 유리하다. 그러나 이런 인사제도로는 필연적으로 사람들의 입사 및 퇴사만 빈번해질 뿐이다. 사실, 그때 파트타이머 경험을 조사해 보면 직장을 1년도 채 못 다닌 경우가 절반이나 됐다.

예상했던 결과라고 하면 그만이지만, 이로 인해 기술력과 충성도가 떨어지는 것은 당연하다. 실수가 잦아지고 승객들로부터 클레임도 폭발한다. 텟세이가 나쁜 평판을 받는 이유의 하나이기도 했다. "비용 절감을 취할 것인가? 아니면 승객의 신뢰를 얻을 것인가?"라는 질문을 던진다면 당연히 후자를 선택해야 한다. 그러므로 텟세이는 되도록 정사원을 늘리기로 결정하고 비용 절감보다 이쪽이 의미 있다고 판단했다. 앞으로 파트타이머의 비율을 30%까지 줄이는 것을 목표로 삼고 있다.

이런 결정은 얼핏 보면 세상의 관행과는 거꾸로 가는 것처럼 보일지도 모르지만, 차근차근 생각해 보면 당연하게 생각할 일이다. 지금 시대는 '정사원을 줄이는' 경향으로 흘러가지만 계약직이나 파트타이머들이 회사의 생각을 정확하게 이해하고 기술과 매너를 끊임없이 갈고 닦으면 회사의 발전에 기여할 수 있지 않을까? 직원들의 생활과 신분이 안정된 다음에야 진정한 동기부여가 이루어지지 않을까?

그런 의미에서(여기까지 치밀한 전략을 세운 것은 아니지만) 우리가 하고 있는 것이 틀리지 않았다는 자부심이 든다. 이것은 결코 교만이 아니라, 당연한 것을 당연하게 하고 있었다는 생각이다.

정규직이 될 수 있는 폭을 한껏 넓히자 스태프들이 어떻게 움직였는지 그 이야기를 소개한다.

"하늘나라로 간 남편이 용서해줄 거라고 믿어요."

인사제도를 개혁한 후 첫 시험을 볼 때였는데, 시험 당일 나는 출근하자마자 "N 씨의 남편이 어젯밤 돌아가셨다고 합니다. N 씨가 이번 시험을 보는 건 아무래도 무리일 듯합니다."라는 보고를 받았다. "그렇습니까? 유감스럽지만 남편이 돌아가셨으니 다음번에 열심히 하는 수밖에 없군요."라고 이야기하고 있는데, N 씨가 숨을 헐떡이면서 시험장에 나타났다.

"남편분이 돌아가셨다고 들었는데 괜찮으세요?"

"괜찮습니다. 제가 기다리고 기다리던 중요한 시험이에요. 남편이 용서해 줄 거라고 생각합니다." N 씨의 두 눈에는 어느새 눈물이 촉촉했다.

시험이 끝나자마자 N 씨는 서둘러 돌아갔다. 그녀는 끝내 합격했다. 물론 사정을 봐줘서가 아니라 자기 실력으로 해낸 것이다.

N 씨는 그 후 세상을 떠난 남편의 연로한 아버님을 모시고 어린 아이들을 뒷바라지하며 열심히 일해 왔다. 멋지게 정규직이 된 후 주임시험에도 합격한 N 씨는 이렇게 말했다.

"아이들이 드디어 사회인이 되었습니다. 시아버님 병간호도 할 수 있게 되었어요. 세상을 떠난 남편한테 진 빚을 드디어 갚았다고 생각하니 마음이 놓이네요."

12번 만의 영광

파트너 C 씨는 시험제도가 변경된 후에 사원 채용시험의 단골 손님이 되었다. 텟세이의 사원채용시험은 필기시험(일반상식, 업무상식, 작문)과 면접시험으로 나뉜다. C 씨는 그 어느 것도 솜씨가 별로 출중하지 않았다. 텟세이에는 시험도 있지만, 그것보다는 일상 업무를 중요시하여 그 부분도 감안하여 합격 여부를 정한다. 그러나 C 씨는 일상 업무도 그다지 훌륭하지 않았다. 이전 제도처럼 현장장의 추천을 받을 필요가 없으므로 누구든 시험을 치를 수 있었으니, 그는 시험을 치르러 왔었다.

10번 정도 시험에서 계속 떨어지자 나는 C 씨에게 분명하게 말했다. "이 시험은 사실 한 사람의 업무 마인드에 대해 최종 확인하기 위한 것입니다. 당신이 매일매일 하는 일이 곧 시험이며 필기시험보다 더 중요합니다. 그것을 소홀히 한다면 이제부터 시험을 보러 오지 않는 편이 좋을 겁니다."

그 후 C는 한동안 시험을 보러 오지 않았다. 그리고 11번째에 왔을 때 나는 '오. 조금 바뀌었네!'라고 느꼈고, 12번째 시험 때는 C 씨의 행동거지며 언행이 크게 달라져 있었다. '이 사람, 변했군. 이젠 괜찮겠지?' 나는 마음속으로 중얼거렸다. 그의 나이 61세, C 씨는 당당히 합격하여 정규직이 되었다.

"S 씨, 일본어 잘하시네요."

일본에 귀화한 중국 출신 S 씨가 파트너로 입사한 지 3년 후에 시험을 치르러 왔다. 면접 때 여러 가지 질문을 했지만 잘 이해하지 못하는 것 같았다. 청력에 문제가 있다며 사과

했지만, 사실은 일본어가 서툰 게 문제였다.

"사원이 되면 파트너를 지도하는 일도 해야 합니다. 일본어가 조금 약하네요."라고 돌려보냈다. 나는 일본어가 유창하지 않은 S 씨가 약간 불안해서 직접 현장에 찾아가 보았다. 그런대로 일은 제대로 하고 있었다.

텟세이는 1년에 두 번 채용시험이 있는데 그다음에도 내가 S의 면접시험을 담당하게 되었다. 일본어 실력이 조금 늘긴 했지만, 아직도 멀었다는 생각이 들었다. 이런 저런 이야기를 하다가 그가 고등학교에 다니는 아들을 어떻게든 대학까지 보내고 싶다는 소망을 가지고 있다는 것을 알게 되었다. "그렇다면 더욱더 공부를 열심히 해서 아드님이 대학에 갈 수 있도록 하세요."라고 격려하고 돌려보냈다.

그다음 시험 때도 또 S 씨를 담당했다. 그때는 일본어를 아주 유창하게 하지는 못해도 제대로 소통할 수 있었다. 여태까지는 작문도 겨우겨우 두 줄 정도밖에 쓰지 못했었는데…….

"어떻게 한 거예요? 실력이 늘었네요." 그러자 S 씨는 이렇게 말했다.

"모두 주임들 덕분입니다. 성실히 잘하고 있다며 이번 사원시험을 위해 일본어 연습을 많이 도와주었거든요."

지금 S는 사원으로서 활발하게 일하고 있다. 얼마 전에도

S를 만난 적이 있다.

"건강하세요? 아드님은 어떻게 지내요?"

"예, 감사합니다. 제대로 대학에 들어가서 공부하고 있습니다."

아직도 유창하게 일본어를 구사하지는 못하지만 그는 여전히 밝은 표정이었다.

술 따를 줄 모르는 사원은……

우리는 사원시험이나 주임시험에 합격한 사람이 생기면 여러 사람이 모여 축하파티를 하곤 하는데, 한번은 N 씨가 이런 말을 꺼냈다.

"야베 부장님, 사실은 별로 말하고 싶지 않지만, 옛날에 소장과의 술자리에서 '술도 변변히 못 따르는 사원은 주임 될 자격이 없다.'는 말을 들었어요. 그래서 포기하고 있었는데 새로운 제도로 현장장 추천이 없어져 과감하게 응시했어요. 너무 좋았어요. 열심히 노력했거든요."

나는 아무 말도 할 수 없었다. 그 술자리에서 어떻게 말이 오갔는지는 지금도 모르겠지만, 그 일로 N 씨가 마음속 깊이 상처받았던 것만큼은 확실했다.

한 사람 한 사람의 생각을 다른 사람의 필터를 통하지 않고 공평한 눈으로 볼 수 있어야 한다는 필요성을 절실하게 느끼는 순간이었다. 시험제도를 변경하는 일에도 다양한 배경이 있다. 경영자로서 매사를 적당히 해서는 안 된다고 생각한다.

따르지 않는 사람은 과감히 자르다

언젠가부터 스태프들도 텟세이의 자세에 찬성해 주는 태도를 보였는데, 특히 연수의 효과가 컸다. 우리로서는 당연한 일을 했을 뿐인데 연수를 받은 스태프들은 "이처럼 진지하게 연수를 받게 해주는 회사는 처음입니다."라고 감동했다.

의외였지만 지금까지와는 다르다고 느낀 연수팀의 피드백이 모든 스태프들의 의욕을 더욱더 자극했다. 설사 개인적으로는 괴로운 일이 생겨도 더욱 활발하게 움직이기 시작했다.

다만 사람은 각양각색이므로 모든 사람이 그렇게 느끼지는 않는다고 생각하는 것이 좋다. 사실 이런 상황에서도 전혀 의욕을 느끼지 못하는 사람들이 있기 마련이다. 이런 사람은 어떻게 대해야 할까? 이 점에 대해서도 여러 가지 생각이 있을 것이다. 상냥하게 받아들이며 해결할 수 있는 실마

리를 찾는 사람도 있을 것이다. 그러나 나는 어떤 상황에서도 결코 바뀌지 않는 사람이나 아무리 말해도 듣지 않는 사람은 과감히 잘라내기로 했다.

회사는 조직이기 때문에 개인의 의사나 기분을 무조건 존중하는 것이 가장 좋다고 할 수 없다. 어중간한 자세는 오히려 화합을 무너뜨릴 수 있다. 그래서 그런 사람들을 냉정하게 잘라내기도 했는데, 그 과정에서 뭔가를 깨닫는 사람들이 많았다. 회사의 생각을 받아들여 성공하는 사람들을 직접 눈으로 보게 되면, 어느새 자신도 이래서는 안 되는구나 반성하고 모두와 함께 열심히 하려는 생각을 갖게 된다.

3 장

회사가
현장을 살린다

텟세이는
왜 존재하는가?

TV나 잡지에서 텟세이를 웃음이 넘치는 가정적이고 따뜻한 분위기의 회사로 소개하기 때문에 많은 사람들이 오해하고 있는데, 현실적으로 텟세이에서 착실하게 오래 근무하는 사람은 그렇게 많지 않다. "나도 할 수 있을 것 같은데 한번 해볼까?"라는 생각으로 찾아오는 사람들이 꽤 있는데, 이런 사람들은 오래 다니지 못하고 금방 그만둬 버린다.

첫 한 달이 첫 번째 고비로, 이때 힘든 업무에 좌절하는 사람이 많다. 한 달을 잘 버텨내는지 아닌지가 그다음을 결정한다. 한 달이 지나 연수와 실제 업무를 경험하고 나서 3개월 후에 혼자 일하기 시작하면 그 사람은 그만두지 않고 계속 일할 확률이 높다. 계속 머무는 사람들의 공통점은 어느새 텟세이의 생각을 공유하고 이 회사에서 지금까지 이루지 못했던 꿈을 이루고 싶다는 희망을 가진 사람, '일'이 아닌 무언가를 이곳에서 시작하고 싶어 하는 사람들이라는 점이다.

텟세이도 기업인 이상 성과를 내야 한다. 성과를 내기 위해 가장 중요한 것은 '사람'이다. 스태프 모두가 활기차게 일하며 성과를 낼 수 있도록 하는 것이 무엇보다 중요하다. 그렇다면 '활기차게 일하려면' 무엇이 필요할까?

제조 회사가 "이 제품은 이런 즐거움을 줍니다."라고 홍보하면서 제품을 판다고 하면, 텟세이는 물건이 아닌 청소를 통해 '무엇과도 바꿀 수 없는 여행의 추억'을 제공한다고 할 수 있다. 승객이 여행에 만족하고 돌아가는 것. 그것이 바로 승객에 대한 텟세이의 '사명'이다.

그러므로 텟세이는 업무뿐 아니라 스태프의 사명을 구체화하기 위해 '텟세이는 왜 존재하는가?'라는 물음을 던지며 기업이란 무엇인지에 대해 재정의해 왔다.

코멧 슈퍼바이저가 태블릿 PC를 이용하여 승객을 안내하고 있는 모습. 승객의 질문이 매우 다양하므로 이 시스템을 도입하였다.

코멧 슈퍼바이저가 안내하는 모습.
여행이 익숙하지 않은 노인이나 여성을 안내하는 일이 많은 편이다.

텟세이의 청소는
마치 군사작전과도 같다

앞에서도 말했듯이 '승객이 무엇을 바라는가?'를 스태프 전
체가 공유하고 그것을 실현하기 위해 꼭 필요한 시스템이 있
다. 바로 명확한 톱다운 시스템이다. 보텀업을 통해 성과를
올리고, 회사의 사명을 달성해 가기 위해서 톱다운은 절대적
으로 필요한 사고방식이다.

텟세이의 본업인 청소는 마치 군사작전과도 같다. 청소에
전력을 다할 때는 팀 리더의 명령에 절대적으로 따라야 하며

아랫사람이 명령에 반하거나 독자적인 생각을 기반으로 행동하는 일은 절대 용납되지 않는다. 이 부분에 대해서는 절대 예외를 인정하지 않는다. 시종일관 흔들림 없는 지휘 체계가 없이는 7분이라는 짧은 시간 안에 신칸센을 깨끗이 청소할 수 없다. 텟세이의 분위기가 가정적이지도 온화하지도 않다고 말하는 것은 이런 이유에서이다.

> 🐦 '규율' 안에서의 '자유'
> 🐦 따뜻함, 엄격함, 공평함
> 🐦 명확한 톱다운과 보텀업
> 🐦 존경과 자부심

이것이 텟세이에게 있어 중요한 네 가지 기준이다. 이 중 '따뜻함, 엄격함, 공평함'은 인원배치, 표창, 승격, 승진, 강등, 해고 등의 인사 제도와 연결된다.

존경하는 마음으로 스태프들을 정확하게 평가하여 인사 제도를 실시하고 톱다운과 보텀업을 철저하게 한다. 그러면 저절로 스태프들의 의욕이 높아지는 가운데 일에 대한 자부심도 생긴다.

'따뜻함'을 통해 스태프들이 누구나 일을 잘 해내기 위해 노력하고 있음을 알 수 있으며, 그 노력을 제대로 인정하는 것은 매우 중요하다. 물론 회사 안에는 대충 일하는 사람도 있고 팀워크를 흐리는 사람도 있다. 그런 사람들을 엄격하게 대처하고 때로는 퇴직을 권고하기도 한다. 중요한 것은 맡은 업무를 위해 노력하는 사람들이 있다는 점이다.

이와 관련해서 덧붙여 말하자면 텟세이는 인재를 채용할 때 국적을 따지지 않는다. 외국인이라도 차별하지 않고 적극적으로 받아주며 조건을 만족시키면 정사원으로 채용하기도 한다. 간혹 '외국인이 들어오면 여러 가지 문제가 생기지 않을까?' 하고 우려하기도 하는데, 그런 일은 없다. 취직에 관련한 증명서도 정기적으로 확인하는 등 문제가 될 만한 부분은 확실히 확인하고 있다. 실제로 외국인 노동자로 인해 문제가 일어난 적이 없다. 문제는커녕 오히려 훌륭한 성과를 올리는 사람들이 많은데, 끊임없이 노력한 끝에 주임까지 된 외국인도 있다.

즉 문제는 국적이 아니다. 어디까지나 중요한 것은 사람이고 결과다. 그런 의미에서 외국인들은 일본인들과 어떤 차이점도 없는 평등한 스태프다.

'평등'과 '공평'은
다르다

나는 '평등'과 '공평'은 다르다고 생각한다. 평등이란 '차별이 없다'는 의미이고, 공평은 '모든 것을 똑같이 대하는' 것이다. 나는 텟세이에서 가능한 한 모두를 평등하게 대하기보다 공평하게 대하려고 한다. 그렇다면 공평하기 위해서 필요한 것은 무엇일까?

예를 들자면 회사의 방침을 따르지 않는 사람과 그렇지 않은 사람은 보너스 액수로 차이를 둔다. 노력은 하고 있지만 그것이 결과로 이어지지 않는 사람에 대해서는 적어도 노력한 만큼을 보상한다. A 씨는 부지런히 노력하며 일하고 B 씨는 대충대충 일한다면, A 씨에게는 보너스를 더 주고 B 씨의 보너스는 삭감된다. 그렇지 않으면 A 씨 같은 사람들은 일할 맛이 나지 않을 것이다. 이렇게 조직의 질서와 균형을 유지해 나간다.

질책하는 법도 아주 중요하다. 부하 스태프를 질책할 때는 그 사람의 인격을 부정하는 말은 절대 하지 않도록 주의한다. 텟세이는 다른 곳과 비교해서 입사 연령이 높은 편이다. 나이가 많은 사람들은 가치관이나 사고방식이 이미 굳어져 있기 때문에 특히 화내는 법이나 질책하는 방법에 주의해야 한다. 다만 설렁설렁 일하는 사람한테는 확실하게 화를 낸다. 그런 자세는 사고로 이어지고 안전을 위협하기 때문이다.

'따뜻함, 엄격함, 공평함' 중 가장 중요한 것은 '엄격함'이다. 회사의 기강이 풀어져 있을 때보다 스태프들이 엄격함이나 위기감을 느낄 때, 비로소 내일의 성장으로 이어진다. 엄격하게 대할 때는 약간의 요령이 필요하다.

나는 무서운 상사는 아니다. 늘 농담을 달고 다니며 스태프들과 같은 시선으로 어울리고 있으니 스태프들은 나를 무서워하지 않는다. 하지만 그만큼 화를 낼 때는 철저하게 화를 낸다. 늘 화를 내기만 하면 효과가 없지만 전혀 화를 내지 않던 사람이 한번 화를 내면 정말 무섭다.

애당초 철도 회사는 매뉴얼의 세계다. 매뉴얼에 따라 일하지 않으면 많은 승객들의 요구에 부응할 수 없기 대문에 그에 따르지 않는 사람에게는 무척이나 엄격하게 대한다.

하지만 엄격함을 중요하게 생각할수록 잊기 쉬운 것이 따뜻함이다.

100−1=0

나는 따뜻함을 실천하기 위해 여러 방면으로 생각하고 실천해 왔다. '스태프들의 제안을 최대한 실천한다.' '스태프들을 최대한 지지한다.'는 것도 그중 하나다.

'스태프들의 제안을 최대한 실천한다'는 말은 매일 땀 흘리며 일하는 스태프들의 마음을 지지하고 응원하는 것에 주안점을 둔다는 의미이다. 텟세이는 현장 스태프들의 생각을 실천해 나가기 위해 새로운 시대에 어울리는 유니폼으로 바꾸는 등 스태프들이 '기쁨, 즐거움, 자부심'을 느낄 수 있도록 여러 가지 형태로 회사의 방침을 실천해 왔다.

그중 하나가 '스태프와 동료를 인정하는 힘'을 길러 가는 것이다. 지금부터 이야기할 '엔젤 리포트'가 큰 축이 되었다.

'엔젤 리포트'는 2007년 스태프들을 지원하는 힘을 높이기 위한 구체적인 대책으로 시작되었다. 현장실습 중 도쿄 클린센터 소장의 책상 위에 쌓여 있던 소책자 몇 권을 본 것이 계기다. 그 소책자에는 '엔젤 노트'라는 이름이 붙어 있었는데, 주임들이 보고 느낀 스태프들의 선행을 기록하고 소장에게 보고한 것이었다.

그 노트에 소장의 도장이 찍혀 있는 것을 보고 소장에게 이걸 스태프들 전원에게 보여 주는지 묻자 아쉽게도 소장만 본다는 대답이 돌아왔다. 지금까지 보석을 들고 썩힌 셈이다. 왜 이것을 유용하게 활용하지 못했을까?

나는 4월 1일부터 정식으로 엔젤 리포트를 시작했다. 처음에는 주임들 중 30명 정도를 엔젤 리포터로 임명했다. 하루 동안 회사의 생각이나 새로운 토털 서비스의 목표 등을 교육했는데, 다들 연수 내내 멍한 얼굴이었다.

그때 이야기했던 것 중에 '100-1=0'이란 공식이 있다. 이 공식은 안전 방정식 혹은 서비스 방정식으로 불린다. 어떤 기업에 100명이 일을 한다고 했을 때, 그중 1명이라도 사고를 일으키거나 클레임을 받으면 모든 게 0이 된다는 뜻이다. 그러니 그 '1'을 없애기 위해 경영진은 필사적으로 노력한다.

한 가지 문제가 생기면 "무슨 생각으로 일을 하는 거야? 이런 말도 안 되는 일이 벌어지다니. 정신 상태가 썩어빠졌어!"라고 다그친다. 하지만 남은 99명은 사고도 클레임도 없이 매일 착실하게 일하고 있다는 사실을 잊어서는 안 된다. 이런 사람들을 돌아볼 생각도 않고 정신 상태가 썩었다며 모두를 싸잡아 탓하기만 하면 나머지 99명의 사람들은 의욕을 잃고 만다. 간혹 "우리 회사의 사원은 다들 의욕이 없다."라고 말하는 사람들이 있는데, 혹시 이런 잣대 균형이 흐트러진 것이 아닌지 생각해 볼 필요가 있다. 스태프에게 의욕이 없을 때는 그 원인이 경영진에게 있는 경우가 많았다.

텟세이에서는 1을 없애기 위해 노력하는 것은 물론이고, 그 이상으로 99명의 사람들을 소중하게 생각한다. 앞서 말한 엔젤 리포트를 시작한 것은 '엔젤 노트'에서 따온 것이라고 했는데, 실은 그 이전부터 이런 말을 한 스태프가 있었다.

"부장님, 즐겁게 일하는 사람은 아무래도 눈에 띄네요."

"그거야 그렇지. 그런 사람이 대단한 거야. 다들 본받았으면 좋겠군."

"하지만 부장님처럼 생각하는 사람은 적어요. 텟세이에는 매일 착실하게 일하는 사람들이 엄청 많은데. 그런 사람들을 제대로 인정해 줬으면 좋겠어요."

그렇다. 텟세이는 착실하게 열심히 일하는 사람들에 의해 굴러 가는 것이다. 그런 사람들을 어떻게 보고 평가할 것인지가 내게 주어진 큰 과제였다. 그 과제를 어떻게 해결하고 실천해 가야 하는지 고민하던 차에 내 눈에 들어온 것이 바로 엔젤 노트였다. 엔젤 리포트는 여러 스태프의 제안과 제언에 의해 시작된 것이다.

"당연한 일을 하는데 왜 칭찬을 합니까?"

엔젤 리포트가 시작되고, 30여 명의 엔젤 리포터들은 묵묵히 최선을 다해 일하는 사람들을 하나하나 취재했다. 어떤 사람과 어떤 행동을 평가할 것인지는 기본적으로 리포터에게 맡겼다.

처음 2년간은 모인 리포트 수가 무려 1천 건이 넘어 그럭저럭 성과가 있었다고 볼 수 있었으나, 결코 만족할 만한 숫자는 아니었다. 텟세이에는 열심히 일하는 스태프들이 더 많이 숨어 있을 것이었다. 특히 스태프가 200명이나 되는 다바타 서비스센터에서 올라오는 리포트 수가 의외로 적었다.

다바타 서비스센터의 인스트럭터에게 그 이유를 묻자 "당연한 일을 하는데 왜 칭찬을 하는 거죠?"라는 질문을 많이 받았다는 이야기를 들었다. 몇 번이나 이런 논의가 다양한 곳에서 이루어지자 나는 이렇게 말했다.

"여러분은 매일 당연한 일을 하고 있다고 말합니다. 모두가 맡은 업무를 제대로 하고 있다는 말이겠죠. 여러분은 그것에 대해 왜 칭찬을 하냐고 묻지만, 나는 오히려 주임들의 지시를 착실하게 실행하는 사람들을 왜 칭찬하지 않는지가 의문입니다.”

이런 이야기를 하면 ‘숫자 지상주의’라고 받아들일지 모르지만 나는 더 수를 늘리라고 독려했다. 그만큼 많은 사람들이 매일 노력하고 있기 때문이다. 3년째부터 리포트 건수는 지난해의 두 배를 넘는 기세를 보였다.

이와 함께 표창제도도 전면적으로 개정했다. 그때까지는 팀 표창이 중심이었고, 개인에게는 근속표창 등 그만두지 않고 일을 계속 하기만 하면 받을 수 있도록 상을 주는 구조였다. 나는 이 제도를 엔젤 리포트 대상이 되는 사람들에게 가능한 한 표창을 해주는 구조로 바꿨다. 뿐만 아니라 칭찬받는 사람뿐 아니라 ‘칭찬을 자주 하는 사람을 표창’하는 제도도 만들었다.

‘칭찬’과 ‘표창’은 대단한 성취나 놀라운 성과를 이룬 사람만 받는 것이 아니다. 그들도 중요하지만 그보다는 회사를 키우고 분위기를 돋우기 위해 착실하게 일하는 사람들을 위한 것이다.

텟세이의 칭찬 제도에 대해 이야기하면 “칭찬하는 게 쉽지 않네요. 우리 회사에서는 그게 잘 안 됩니다.”라고 하는 사람들이 있다. 칭찬이란, 한 명 한 명이 노력해서 이뤄낸 성과를 제대로 파악하고 그걸 확실하게 평가하는 것이다. 이는 매니저의 근본적인 역할이므로, 스태프들의 성과를 적당하게 파악하고 당연하게 넘어가서는 안 된다. 매니저의 근본적인 역할에는 잘못된 것을 지적하는 책임도 있지만 칭찬해야 할 의무도 있다.

질책하는 것은 정말 간단하다. 나쁜 점은 눈에 잘 띄기 때문에 그것을 나무라면 된다. 이와 달리 칭찬은 어렵다. 칭찬을 하기 위해서는 그 사람을 충분히 관찰해야 하며, '이 사람은 보이지 않는 곳에서 이런 식으로 일하고 있으니까 아무런 문제도 없이 일이 돌아가고 있는 것'이라고 생각할 수 있어야 제대로 칭찬할 수 있다.

경영진은 현장을 놓치고 있다

처음에 텟세이의 경영진은 현장에서 일어나고 있는 매일 매일의 노고를 제대로 보지 못했다. 그러면서 본사는 스태프들 위에 군림하기만 하면서 어떤 문제가 생기면 "이런 말도 안 되는 일이 벌어지다니. 정신 상태가 썩어빠졌어!"라고 질책했다. 정말 부끄러워서 스태프들에게 미안할 지경이었다.

그러나 지금은 다르다. 텟세이는 스태프 한 명 한 명의 생각을 소중히 받아들이고 좋은 점을 함께 이해하고 공유하는 조직이 되어 가고 있다. 회사가 스태프를 인정한다는 감동은 또 다른 발전으로 이어진다.

기업은 커지면 커질수록 세분화되기 마련이고, 조직이 커지면 커질수록 통솔하기 어려워져 눈에 띄지 않는 사람의 노력은 더욱 보이지 않게 된다. 사실 현장 하나하나를 누군가가 제대로 관리하고 이끌어 나가지 않으면 조직은 제대로 운영되지 않는다. 그렇기 때문에 무엇이 효과가 있는지를 판별하여 그 부분에 중점적으로 힘을 실어 주는 것이 전략적으로 중요하다.

엔젤 리포트를 포함한 다양한 제도를 실시할 때, 일단 도쿄 역 스태프들의 활약에 의도적으로 집중했다. 규모 등 여러 방면에서 두드러지고 눈에 띄는 중심 지역인 도쿄 역에서 성공을 거두면 그만큼 설득력이 커지기 때문이다. 그런 이유로 일단 도쿄 역에서 실적을 쌓고 나서 다바타 서비스센터, 우에노와 오야마 서비스센터 등 다른 영업장으로 넓혀 갔다. 처음에는 다바타 서비스센터에서 일하는 스태프들이 "우리는 무시하는 겁니까?"라고 하기도 했지만 그 불만은 예상했던 바였다. 더 큰 결과를 얻기 위해 일부러 그렇게 넓혀간 것이다.

또 엔젤 리포트에 '네거티브 리포트'로서의 역할도 기대했다. 즉 스태프들의 생생한 목소리가 모두 반영된 과정에서 '(회사의 제도로서) 이건 좀 이상해.'라고 생각하는 문제점을 그대로 적어 주기를 바랐다.

사실은 스태프들은 현장에서 어떤 문제가 생기더라도 그것을 해결하려 하지 않고 반쯤 포기한 채 어쩔 수 없다고 생각하며 일하는 경우가 많다. 그런 생각으로 문제를 덮어 버리는 것은 회사로서도 큰 손실이다. 문제에 대해 '이대로 좋은가?'라고 현장에서 위기감을 공유하거나, JR 본사에 의견을 전하여 개선을 한다. 부정적인 것일수록 JR이나 텟세이의 경영자에게 전하여 문제를 공유해야 한다.

2007년부터 시작된 엔젤 리포트의 수는 2012년에는 1만 3천 건이 넘었는데, 그중 몇 가지를 소개한다.

홈에서 열차를 기다리던 U 씨에게 남성 손님이 이렇게 말을 걸었습니다. "늘 보고 있는데, 일을 정말 잘하시는군요. 끝내는 데 얼마나 걸리죠?" 평소에도 우리들이 일하는 모습을 인정해 주는 승객이 있다는 것을 알게 되었고, 지금까지 우리가 해온 일에 자긍심과 자신감을 가지게 되었습니다. 앞으로 나아가야 할 방향을 확실히 알 것 같았습니다.

🐤 차내 청소 팀을 보고 있던 외국인 손님이 몇 명 있었습니다. 작업을 끝내고 홈에 서서 인사를 했더니 박수와 함성을 보내 주었습니다. 옆에 있던 일본인 손님에게도 "수고하셨어요."라는 말을 들었습니다. 스태프 모두가 감동했고 행복한 날이었습니다. 신칸센 극장, 이 얼마나 멋진지!

🐤 어떤 승객이 창 너머로 청소 중인 K 씨의 모습에 반했는지 청소를 마치고 나온 그녀에게 "청소하는 모습이 멋져요. 기념사진 한 장 같이 찍어 주세요."라고 말을 건넸습니다. K 씨는 2명의 손님과 함께 기념사진을 찍었습니다. "좋은 추억이 될 것 같아요. 고맙습니다."라는 말을 들은 K 씨는 조금은 부끄러워했지만 기뻐하는 표정을 감추지 않았습니다.

🐤 중앙 화장실에서 작업 중인 T 씨에게 아이를 안은 어머니가 베이비시트가 있는지 물었습니다. "죄송하지만, 베이비시트는 남쪽 출구 화장실에만 있습니다. 괜찮으시면 아기는 제가 안고 있을게요."라고 아기를 안고 어머니가 일을 마치길 기다렸습니다. 중앙 화장실에서는 승객들이 이런 대화가 자주 이루어지는데, 베이비시트가 없어서 승객들에게 불편을 끼치는 게 아닌지 늘 면목이 없습니다.

🐤 작업을 끝내고 계단을 내려오는데, 아래에서 발이 불편한 초로의 부인이 짐을 3개나 들고 올라오고 있었습니다. 한

계단씩 짐을 올리고 자신이 올라오는 식으로 말이죠. M 주임과 T 주임이 아래로 내려가, "몇 호차 타세요?"라고 물었습니다. 그분이 타는 열차는 반대 계단으로 올라가야 했기 때문에 짐을 들어 드렸습니다. 그분은 눈물을 글썽거리며 손을 꼭 잡고 "고맙습니다."라고 인사했습니다.

'코멧 슈퍼바이저'인 S 씨가 중앙 홈의 베이비 휴게실을 순회하며 청소하고 들어왔을 때, 침대 위에 윗옷을 입지 않은 아기 앞에서 어머니가 당황해하는 모습이 보였습니다. 그것을 눈치챈 S 씨가 무슨 일인지 묻자, "아기 윗옷이 젖어서 어떻게 해야 할지 모르겠어요."라고 대답했습니다. S 씨는 곧장 대기소로 가서 좌석용 드라이어를 승객에게 빌려 주었습니다. 그 승객은 "고맙습니다. 덕분에 살았어요."라고 인사했습니다. 순간 대처 요령과 지혜로 아기가 추위에 떠는 일을 방지할 수 있어서 다행입니다.

중앙 홈의 쓰레기를 회수하고 있던 K 씨에게 저 멀리서 4~5살 되어 보이는 남자아이가 "이것도요."라고 빈 플라스틱 도시락통을 가지고 왔습니다. K 씨는 웃는 얼굴로 받으며 "가져와 줘서 고마워. 이거 줄게." 하고 엽서를 주었습니다. 그 꼬마 손님은 "고마워요." 인사하며 부모님이 계신 곳으로 돌아갔습니다. 아이의 이야기를 들은 부모님이 K 씨를 보고 살짝 웃으며 인사했습니다. 늘 웃는 얼굴로 작업하는 K 씨이기 때문에 꼬마 손님이 웃는 얼굴로 다가온 것이라고 생각합니다.

다섯 살 정도의 여자아이가 혼자 열차에서 내리려고 하였습니다. M 씨가 쓰레기를 받고 있는데, 그 아이가 발을 잘못 디뎌 홈과 열차 사이에 하마터면 빠질 뻔했습니다. M 씨는 순간적으로 날렵하게 두 손으로 꼬마 손님을 안아 올렸습니다. 간발의 차이로 벌어진 일입니다. 뒤에서 어머니가 안도의 한숨을 몰아쉬며 M 씨에게 "정말 감사합니다. 큰일 날 뻔했네요."라고 몇 번이나 인사를 했습니다.

선거에도 활용된
엔젤 리포트

엔젤 리포트는 다른 업종에서도 활용되었다. 2013년 5월, 자유민주당의 서비스산업진흥의원연맹 회장인 내각상임위원장 히라이 다쿠야(平井たくや) 중의원 의원과, 같은 연맹의 회원인 전국 의원 16명 그리고 경제산업성(経済産業省) 22명이 텟세이에 견학하러 왔다. 신칸센 홈에서 머리를 돌려 운행하는 차내를 7분 동안 청소하는 것을 가까이에서 본 히라이 의원은 이렇게 말했다.

"스태프들의 밝은 모습과 환대하는 마음에 감동했습니다. 저희는 일본을 더욱 건강한 나라로 만들기 위해 행동하고 있습니다만, 일본의 저력이 여기에 있다고 확신합니다."

그리고 10월, 히라이 의원은 본인의 선거구에 있는 가가와 현(香川県)의 빌딩유지관리협회 사람들과 함께 다시 텟세이를 방문했다. 이때 히라이 의원은 텟세이의 엔젤 리포트에 감동했다며 협회 사람들 앞에서 "이번 선거에서는 텟세의 엔젤 리포트가 우리의 중요한 인터넷 선거 전략의 바탕이 되었습니다."라고 이야기를 시작했다.

히라이 의원은 당의 인터넷미디어국장을 역임하고 있었는데, 후보자 전원에게 터블릿 PC를 배포하여 매일 분석 리포트와 특별히 강화해야 할 쟁점 등을 전달했다고 한다. 이때 위력을 발휘한 것이 '엔젤 데스크'인데 부정적인 정보보다 긍정적인 정보를 중시해 수집하여 재발신하는 제도이다. 그 정보가 후보자들을 지지하고 이끌어 준 덕분에, 그들이 더 큰 힘을 발휘할 수 있었다고 한다.

나는 이 이야기를 듣고 깜짝 놀람과 동시에 감동을 받았다. 지금까지 많은 사람들이 텟세이를 방문하여 견학하고 엔젤 리포트에 감탄했지만, 그 내용을 이렇게까지 현실적으로 실천하고 단기간에 효과를 본 사람은 처음이었기 때문이다.

우리야말로 히라이 의원의 풍부한 발상력을 배워야 한다고
생각했다.

듣기만 해도
일할 맛이 나는 말

엔젤 리포트로 조직이 개인을 칭찬하는 모양을 갖춘 후,
다음으로는 상사나 동료 등 주변 사람들이 일상적으로 서로
를 칭찬하고 인정하는 방법은 없을까 고민했다. 누구나 그렇
겠지만 사람은 '이런 일로 칭찬을 받다니.'라고 생각할 만큼
작은 칭찬으로도 기쁨과 행복을 느끼며 자신감을 가진다.

이런 생각을 바탕으로 《일할 맛 나는 말: 엔젤 월드》라는
책자를 만들어 스태프들에게 나누어 주었다. 여기 그 일부를
소개하겠다.

'같이 일하면 든든해.' 듬직하다고 가치를 인정해 주면, 일
할 맛이 난다.

'고맙습니다.' 감사 인사를 해 주면, 일할 맛이 난다.

'고생한 보람이 있겠어.' 노력이나 성과를 인정해 주면, 일

할 맛이 난다.

'기분이 좋은 모양이네?' 기분이 좋다는 것을 알아봐 주면, 일할 맛이 난다.

'꼭 필요한 존재야.' 존재를 인정해 주면, 일할 맛이 난다.

'꿈이 있구나.' 그 사람 자체를 좋게 평가해 주면, 일할 맛이 난다.

'내년이 기대되는군.' 미래를 인정해 주면, 일할 맛이 난다.

'너만 믿고 맡긴다.' 상대를 의지하고 있다고 말해 주면, 일할 맛이 난다.

'넌 성공할 거야.' 미래를 긍정적으로 평가해 주면, 일할 맛이 난다.

'네 말이 맞아.' 동의해 주면, 일할 맛이 난다.

'논리적이군.' 사고방식을 좋게 평가해 주면, 일할 맛이 난다.

'눈에 띄는 실력이야.' 역량을 좋게 평가해 주면, 일할 맛이 난다.

'늘 밝고 명랑하군.' 장점을 인정해 주면, 일할 맛이 난다.

'대단하다!' 실력을 평가해 주면, 일할 맛이 난다.

'덕분에 나도 기분 좋다.' 유쾌하게 말해 주면, 일할 맛이 난다.

'두근거릴 만한 결과야.' 성과를 높게 평가해 주면, 일할 맛이 난다.

'매우 좋군!' 칭찬해 주면, 일할 맛이 난다.

'뭐든지 잘하는구나.' 역량을 좋게 평가해 주면, 일할 맛이 난다.

'믿음직하다니까.' 존재를 인정해 주면, 일할 맛이 난다.

'배려심이 많구나.' 행동을 긍정적으로 평가해 주면, 일할 맛이 난다.

'보고 있으면 기분이 좋아져.' 상대의 에너지가 높다고 인정해 주면, 일할 맛이 난다.

'분위기에 잘 맞추며 일하는구나.' 유연성을 인정해 주면, 일할 맛이 난다.

'사람을 끌어당기는 데가 있어.' 인간성을 칭찬해 주면, 일할 맛이 난다.

'솜씨가 좋다.' 기량을 칭찬해 주면, 일할 맛이 난다.

'시원시원하게 일하는 모습이 보기 좋군.' 명확한 어조로 칭찬해 주면, 일할 맛이 난다.

'아는 게 정말 많구나.' 지식의 양을 인정해 주면, 일할 맛이 난다.

'안심되는 사람이야.' 평소의 행동을 긍정적으로 평가해 주면, 일할 맛이 난다.

'역시 잘한다.' 칭찬해 주면, 일할 맛이 난다.

'열심히 하고 있구나.' 노력을 인정해 주면, 일할 맛이 난다.

'웃는 얼굴로 생긋' 인사해 주면, 일할 맛이 난다.

'익숙해졌구나.' 꾸준함을 인정해 주면, 일할 맛이 난다.

'성격이 좋은걸?' 인간성을 칭찬해 주면, 일할 맛이 난다.

'일처리가 부드럽군.' 기량을 인정해 주면, 일할 맛이 난다.

'일하는 리듬이 좋군.' 율동적인 행동이 좋다고 평가해 주면, 일할 맛이 난다.

'잘될 거야.' 격려해 주면, 일할 맛이 난다.

'잘하잖아?' 실력을 인정해 주면, 일할 맛이 난다.

'재미있는데?' 독특함을 인정해 주면, 일할 맛이 난다.

'정말 훌륭해.' 칭찬해 주면, 일할 맛이 난다.

'좋은 일 있어?' 기분이 좋다는 것을 알아봐 주면, 일할 맛이 난다.

'지금처럼만 해줘.' 평소의 행동에 좋은 평가를 해 주면, 일할 맛이 난다.

'참을성이 강하구나.' 장점을 인정하면, 일할 맛이 난다.

'최고야.'라고 칭찬해 주면, 일할 맛이 난다.

'훌륭하군.' 성과를 평가해 주면, 일할 맛이 난다.

'힘들 텐데도 묵묵히 잘해 주고 있어.' 기량을 인정해 주면, 일할 맛이 난다.

'힘이 넘치는군.' 그 사람의 에너지를 칭찬해 주면, 일할 맛이 난다.

이처럼 스태프들이 들으면 누구나 일할 맛이 나는 말들만 모았다. 사실 이것은 앞서 언급한 엔도 이사오 교수의 이야기에서 착안하고, 스태프의 아이디어를 더해서 만든 것이다. 스태프들은 현장에서 여러 가지를 경험해 왔기 때문에 '일할 맛이 나는 말'의 중요성을 잘 알고 있다. 아무것도 아닌 것처럼 보이는 한 마디가 그날 하루를 행복하게 만들기도 우울하게 만들기도 한다. '일할 맛이 나는 말'이 스며듦에 따라 현장의 분위기도 조금씩 바뀌어 가고 있다.

이 모임은 5~6명이 한 팀이 되어, 직장의 문제점이나 개선점을 의논하고 실행해간다. 직원의 자율성을 기초로, 특히 근무시간 외에 활동한다.

텟세이가 만든 '엔젤 월드'와 '데빌 노트'

'일할 맛이 사라지는 말'을
'일할 맛이 나는 말'로

　그렇다고 뭐든지 칭찬만 한다고 되는 것은 아니다. 때로는 엄격해야 하며 성실하게 일하는 사람에게 자신감을 심어 주려면 그렇지 않은 사람에게는 엄격해야 할 필요가 있다. 이것도 앞서 말했던 '따뜻함, 엄격함, 공평함'과 연결된다. 따뜻함과 엄격함 사이에서 균형을 잡는 게 중요하다.

　'일할 맛이 나는 어록'이 호평을 받자 '일할 맛이 사라지는 어록: 데빌 노트'도 만들었다. 들으면 일할 맛이 깡그리 사라지는 말들을 모은 것이다. 일할 맛이 나는 말의 착안점을 알려 준 엔도 교수는 이렇게 말했다.

"일할 맛이 사라지는 말이라니. 거기까지는 저도 생각하지 못했습니다. 일할 맛이 나는 말보다 사실 이쪽이 더 중요합니다. 작은 것에도 빠르게 반응하고 자신들만의 생각을 보태어 새로운 것을 만들어 가는 텟세이 스태프들의 실행력과 창조력은 정말 대단하네요."

부정적인 뉘앙스가 강한 이런 말들은 가능한 한 쓰지 않으려고 해도 사람인 이상 전혀 쓰지 않을 수는 없다. 하지만 부정적인 말을 들었을 때 어떻게 받아들이는지가 무엇보다 중요한데, 그중에서도 '리프레이밍(Reframing)'이 더욱더 관건이다. 리프레이밍은 '원래 있던 틀 안에서 이해하지 못하는 것을 새로운 다른 틀을 통해 보는 것'이다.

예를 들어 "당신은 동작이 너무 둔해."라는 말을 들었을 때, 지금까지라면 그 말 때문에 침울해졌을 수 있다. 하지만 리프레이밍하면 '나는 신중하게 생각하고 행동하고 있구나.'라는 의미로 받아들일 수 있다. 특히 텟세이에서는 이런 사고방식이 중요하기 대문에 스태프가 이런 방향으로 생각하도록 교육을 진행하고 있다.

신칸센 극장의
무대 뒤

　신칸센의 차량을 정비하는 다바타 서비스센터로 통하는 길은 좁고 길다. 입구에서 사무소까지 가는 동안 긴 복도를 지나야 하는데 그 복도 양쪽의 벽에는 매일 열심히 업무에 힘쓰고 있는 스태프의 모습을 찍은 사진이나 일러스트, 리포트들이 가득 붙어 있다. 스태프들은 매일 그 복도를 지나다니면서 그 내용들을 확인할 수 있다. 그 속에서 자신의 모습을 찾을 수 있다면 기분이 얼마나 좋겠는가? 이를 통해 스태프들은 자연스럽게 서로를 존중하고 인정하게 된다. 스태프들이 현장에서 활기차게 뛰어다니는 에너지는 바로 여기에 있다.

　늘 승객과 접하며 많은 사람들의 눈에 띄는 장소인 도쿄역과 달리 신칸센 극장의 무대 뒤에 있다는 색채가 강한 다바타의 업무에 스포트라이트가 비추는 일은 거의 없다. 도쿄역과 똑같이 힘든 일을 하고 있는데도 말이다. 그럴수록 함께 일하는 동료 사이의 작은 배려와 인정이 의욕을 불러일으키는 데는 큰 효과로 이어진다.

돈이 되지 않아도
일에서 기쁨을 찾다

텟세이의 주요 업무는 차내와 역 내부 청소다. '열차 한 대당 얼마', '몇 평당 얼마'라고 계산하여, 청소하는 양에 따라 돈이 지급된다. 그러니 차량이 늘어나면 그만큼 수입이 증가한다. 반대로 인사나 안내 같은 서비스는 수입의 범주에 들어가지 않는다. 즉 추억을 제공한다는 목적이 있다고는 하지만, 비즈니스적인 관점에서 생각하면 그것은 돈 되는 일이 아니다.

하지만 서비스 업무는 스태프들에게 매우 중요하다. 승객에게 서비스를 제공하고, "고맙다."는 말 한마디를 들으면 그것이 긍정과 자신감으로 연결되기 때문이다.

이런 일들이 내게는 결과적으로 그렇게 되었을 뿐이지만, 주위를 둘러보면 지금은 온 세상이 그런 방향으로 움직이고 있는 것 같다. 무조건 '돈이 되는 것'만을 지향하던 시대는 이미 끝났다는 말이다. 물론 비즈니스인 이상 많든 적든 돈을 버는 것도 중요하지만 그 대전제로 '사람을 위한다.' '남에게 도움이 된다.'라는 의식이 더 중요한 의미를 가지는 시대로 바뀌어 가고 있다.

　이것은 시대를 파악하는 데에 있어서 무시할 수 없는 포인트이다. 일하는 사람의 이러한 마음이 서비스를 받는 사람의 감사하는 마음으로 바뀌어, 그것이 다양한 선순환을 만들어 내는 것. 지금도 그리고 앞으로도 이런 순환을 바탕으로 나아갈 것이다.

승객을 위한 '유아 휴게실(수유실)'은 스태프들이
제안한 아이디어로 만들어졌다.
또한 그들이 휴게실을 정성껏 꾸미고 있다.

현장에서만이
알 수 있는 것들

텟세이 스태프들은 매우 현대적인 업무 스타일을 실천하고 있다. 물론 모두가 그렇다고 자각하고 있진 않겠지만 지금은 한 명 한 명이 타인을 위해 서비스를 제공하는 일을 즐기고 있다.

그렇기 때문에 때로는 여자 스태프만이 낼 수 있는 아이디어를 제안하기도 한다. 그 좋은 예가 역 구내 화장실 가까이에 있는 '육아 휴게실', 말 그대로 아기들에게 수유를 하거나 기저귀를 갈아 주는 공간이다.

아기를 데리고 온 손님들은 이전부터 "수유실은 없나요?"라고 묻는 경우가 많았다. 여자 스태프는 대부분 아이를 키운 경험이 있으므로 승객들이 불편을 느끼는 부분에 더 쉽게 공감했고 JR에 건의하여 육아 휴게실을 만들었다.

앞에서도 언급했듯이, 도쿄 역의 육아 휴게실은 종이접기 등으로 컬러풀하게 장식하는 등 매우 즐거운 분위기로 꾸며져 있다. 누가 봐도 유치원이나 보육원의 육아 휴게실을 연상할 것이다. 누가 시킨 것도 아닌데 스태프들은 '우리가 부탁해서 만든 만큼 육아 휴게실을 열심히 관리해야 한다'는 사명감을 가지고 있다.

하와이 셔츠를 입은 스태프들이 신칸센 문이 열리기를 기다리고 있다.
하와이 셔츠는 직원의 제안으로 2년 전부터 여름 기간에 착용하고 있다.

코멧 슈퍼바이저가 신칸센 도착 3분전에 플랫폼에 나란히 서 있다.

　JR게이힌도호쿠센(京浜東北線)의 가미나카자토 역(上中里駅)에 근처의 다바타 서비스센터는 도치기 현의 오야마 서비스센터에 버금가는 중요한 거점이다. 기본적으로 하루에 임시편까지 포함해, 대부분의 경우 36대 이상의 차량을 담당한다. 7분간의 청소로 다하지 못한 부분도 책임진다.

　또 청소 방법도 간단 청소(도쿄로 향해 가는 차량의 준비)와 일상 청소(운행이 끝난 차량의 청소)가 있어, 그날의 시간표 상황과 지연 등을 바탕으로 한 차량에 들이는 시간도 임기응변으로 조정하기도 한다.

　구리하라 씨(17년 근무), 마쓰자키 씨(16년 근무), 고이즈미 씨(14년 근무), 다케다 씨(12년 근무), 간노 씨(4년 반 근무) 등 5명의 이야기를 들어보자.

청소 일이 꽤 힘들 텐데요.

　마쓰자키: 역시 입사 1~3년이 첫 고비였습니다. 체력 관리를 하면서 잘 넘기면 그 후에도 계속할 수 있을 겁니다. 요즘 마흔을 넘긴 여자가 정사원이 될 수 있는 직장은 적기도 하고 간단하게 그만두기는 억울하다는 생각이 들어요. 금방 그

만둬 버리면 일을 가르쳐 준 사람들에게 미안하기도 하고, 선배들도 하는데 내가 못할 리가 없다는 마음도 있고.

고이즈미: '까짓 것 나도 할 수 있다.'는 마음이 있죠. 게다가 승객들, 특히 꼬마 손님들의 미소를 보면 힘들고 지친 것도 잊게 됩니다.

다바타 서비스센터에서는 꼬마 손님들의 분실물은 절대 버리지 않으려고 합니다. 그 물건에도 다 추억이 있을 테니까요. 그렇기 때문에 찾던 물건을 발견한 사람에게 진심어린 감사 인사를 받으면 정말 잘됐다고 생각합니다. 실제로 몇 번인가 그런 일이 있었어요. 그 때문인지 쓰레기를 분류할 때 '아, 이건 버리면 안 되겠다.'라는 생각이 들 때는 버리지 않고 챙겨 둬요.

신칸센이 정상 운행하고 있다는 것으로 자부심을 느꼈다

이 직업의 좋은 점은 무엇입니까?

구리하라: 역시 성취감이죠. 후배들을 좋은 방향으로 이끌어 나갈 때, 저도 기쁘고요.

고이즈미: 저는 신칸센이 별일 없이 달리고 있다는 것에 자

신감과 자부심을 가집니다. 신칸센을 운행하기 위해서 노선을 수리하는 사람들이 있고, 차량을 점검하는 사람들이 있는 것처럼, 우리 모두가 제각기 맡은 일을 충실하게 해내고 있습니다. 청소도 그중의 하나예요. 그 사실에 보람을 느낍니다.

다케다: 사람이 있기 때문에 회사도 있는 거니까, 사람과 접하는 부분이랄까요. 소중한 것은 사람이라고 생각하므로 스태프들이 언제까지든 남아 주었으면 좋겠다고 생각합니다. 오래 같이 일하기 위해 이 일을 '조금 좋아하는' 정도가 아니라 '정말 좋아해' 주었으면 합니다.

간노: 선배들의 열의를 이어받으면서, 앞으로 더욱 신칸센의 발전에도 대응할 수 있는 직원이 되고 싶습니다.

다바타 서비스센터의 스태프들도 모두 직장에 대한 자부심과 보람을 느끼며 자율적으로 일하고 있다.

"제가
가겠습니다."

고이즈미: 그때는 출근도 하기 힘든 상황이었는데, 버스와 택시를 이용해서 어떻게든 출근할 수 있었습니다.

다케다: 저는 마침 근무 중이었어요. 한창 작업을 하고 있는데 크게 흔들려서, 그 시점에 퇴근을 못할 수 있겠다고 각오하고 있었죠. 2~3시간 걸려서 자율적으로 출근을 한 사람이 많아서 깜짝 놀랐습니다.

간노: 저도 마침 2층 신칸센을 청소하고 있었습니다. 신칸센이 쓰러지는 게 아닐까 걱정될 정도로 흔들렸어요. 그날은 걸어서 퇴근하고 다음 날도 전차가 멈춰서 버스로 겨우 출근했습니다.

마쓰자키: 중요한 것은 '인력 확보'였어요. 신칸센이 언제 들어오더라도 일할 수 있는 준비를 해 둬야 했으니까요. 지진 다음 날도 신칸센이 몇 대인가 들어왔습니다만, 평소처럼 일하기는 어려웠습니다. 센다이(仙台)에 부모님이 계신 사람이나 가까운 분의 부고를 받은 사람도 있었으니 여러 모로 힘들었지만 지진을 계기로 서로의 마음과 마음이 연결되는 부분도 있지 않았나 싶습니다.

![icon] 그 후는 어떻게 되었습니까?

마쓰자키: 센다이 차량 기지를 사용할 수 없게 되어서 그 대체 업무를 대신하는 오야마 서비스센터에 스태프들을 파견했는데, 다들 휴가를 반납하고 협력해 주었습니다. 강제로 지시한 것도 아닌데 자연스럽게 "제가 가겠습니다."라고 말해 주어서 정말 기뻤죠.

저는 그때 오야마 서비스센터의 긴급청소 총감독으로 갔는데, JR 직원들 중에는 피해를 입은 사람들이 많았습니다. 그래서 '피해를 입지 않은 우리가 하지 않으면 누가 일을 하겠는가.'라는 생각이 있었죠. 평소보다 강도 높은 업무를 해야 했기 때문에 힘들었지만 다들 평소보다 더 단결하며 일했습니다. 돌아온 멤버들은 다들 매우 피곤한 표정이었던 데다 당시는 방사능 등 보도도 있어서 다들 불안해했지만, 한편으로는 어떻게든 신칸센을 움직이게 하고 싶다는 마음이 강했습니다. '도호쿠(東北)의 사람들이 힘을 내고 있으니 우리도 힘내자.'라고 생각했죠.

동일본대지진

2011년 3월 11일 일본 도호쿠(東北) 지방에서 발생한 대지진으로, 일본 관측 사상 최대인 리히터 규모 9.0으로 측정되었다. 이 날 발생한 지진은 1900년 이후 세계에서 네 번째로 강력한 지진으로 기록됐다. 지진 발생 이후 초대형 쓰나미가 센다이시 등 해변 도시들을 덮쳤고, 수도권 일대까지 건물이 붕괴하고 대형화재가 발생하는 등 피해가 속출했다. 특히 지상으로 밀려든 대규모 쓰나미로 인해 후쿠시마현에 위치한 원전의 가동이 중지되면서 방사능 누출 사고가 발생했다.
2012년 9월까지 사망자와 실종자가 2만여 명에 이르고 부상자는 6천여 명이며, 건물 12만여 동이 붕괴되었고, 피난 주민이 33만 명에 이르는 것으로 집계됐다.

4 장
모든 것은 리더에 의해 결정된다

경영진은 '넙치 증후군'을
고치는 의사가 아니다

내가 입사할 당시 텟세이는 평판이 그다지 좋지 못한 회사였으나 사실은 입사하기 15년 전으로 거슬러 올라가면 그때의 텟세이는 청소업계에 큰 파문을 일으킨 회사였다.

1991년 6월, 우에노 역까지 개통되었던 도호쿠-조에쓰 신칸센이 도쿄 역까지 연장 개통되었다. 도쿄 역까지 운행하고 되돌아가는 열차의 청소를 담당하게 된 텟세이는 짧은 기간에 신칸센을 청소하기 위해 JR동일본과 연계하면서 지금의 텟세이의 기초가 되는 다양한 제도를 만들었다. 특히 파트타이머, 여대생 아르바이트생 등의 프리터로 구성된 '코멧 클럽'이라는 팀을 구성했다. 코멧 클럽은 그린차를 청소하거나, 운행 중인 열차를 청소하는 팀으로 기존의 청소 이미지를 완전히 뒤집는 참신한 제복을 착용함으로써 세간의 주목을 받았다.

그 당시에는 국철의 민영화가 이루어지고, JR동일본에서 일하는 많은 사람들이 든 꿈을 가지고 미래를 상상하며 움직이기 시작한 시기였다. 도호쿠-조에쓰 신칸센의 도쿄 역은 당시 텟세이에서 일하던 선배들에게는 큰 시련인 동시에 열정으로 넘치는 미래에 대한 도전이기도 했다.

그때로부터 10년이 지나 내가 입사하던 시기에 텟세이는 평판이 그다지 좋지 않은 회사로 전락하고 말았다. 여기에는 여러 가지 원인이 있겠지만, 가장 중요한 원인은 청소 회사로서 청소라는 업무에만 치중한 나머지 직원들의 기분을 고양시키고 활기차게 일하게 하는 원동력인 사명감을 잃어버렸기 때문이다.

당시 텟세이에 가장 필요한 사람은 직원들에게 사명감을 불어넣어 주는 리더였다. 이제부터 리더나 경영진으로서 특히 신경을 써야 하는 부분에 대해 구체적으로 이야기하려고 한다.

경영진들은 회사에서 '넙치 증후군'을 없애자는 이야기를 자주 한다. 넙치 증후군이란 윗사람이 하는 말에만 신경 쓰고 스스로는 아무것도 하지 않으려는 사람들, 넙치처럼 위만 쳐다보는 사람을 일컫는 말이다.

사람의 의식은 쉽게 변하지 않는다. 인간은 집단생활을 하는, 다시 말해 조직 속에서 살아가는 종족이므로 넙치 증후군은 어쩌면 인간으로서 당연히 가지고 있는 사회적 DNA일지도 모른다. 인간은 늘 높은 곳을 의식하며 살기 마련이므로, 넙치 증후군을 없애겠다는 생각은 애당초 하지도 말자고 맘먹었다. 그것은 어쩌면 무리이지 않을까 생각했다. 경영진은 넘치 증후군을 차단하기 위해 존재하는 것이 아니라 조직을 움직이기 위해 있는 것이다. 모두가 위를 의식하고 있다면 위에 있는 사람으로서 모두를 움직이게 하는 발언을 하고 스스로 행동하면 된다.

우리 스스로 '청소 아줌마, 아저씨'라고 생각할 것이 아니라 '신칸센을 지탱하는 기술자'라는 슬로건을 내걸었던 것이 그 시작이었다.

'NO'라고 말하지 않는다

회사는 직원들의 제안을 최대한 받아들여야 한다고 생각한다. 기업은 직원들이 활기차게 일하면서 성과를 너야 제대로 운영할 수 있다. 그러니 직원들의 의욕이나 마음이 모든 것을 결정한다고 해도 과언이 아니다. 직원들이 활기차게 일하고 성과를 내게 하기 위해서는 직원의 제언이나 제안에 대해 함부로 'NO'라고 말하지 않는 것이 중요하다. 이렇게 단정 지으면 "제안을 모두 받아들이기는 힘들지 않나요?"라고 질문하는 경영자가 있다. 나는 이런 질문에 과감하게 "힘들지 않습니다."라고 단언할 수 있다.

명확한 톱다운 제도를 통해 '산뜻하고 안심되고 따뜻한 서비스'를 제공하자는 목표를 먼저 분명히 드러냈기 때문이다. 텟세이의 축이 되는 이런 생각을 공유한 이상, 그 축을 벗어나는 말도 안 되는 제안을 하는 직원은 없을 거라고 믿는다. 물론 회사의 이념을 직원들이 제대로 이해할 수 있도록 다양한 방법을 활용했다. 하지만 그것은 어디까지나 이상적인 생각이고, 실제로는 말도 안 되는 것을 제안하는 직원도 간혹 있었다. 이는 조직인 이상 피치 못할 상황이라고 생각한다.

중요한 것은 그런 말도 안 되는 제안을 받았을 때 어떻게 대처하느냐이다. 이때 '그런 어처구니없는 일을 제안하다니.'라고 머릿속에서부터 먼저 부정해 버리면 아무것도 이루어지지 않는다. 직원은 그 제안이 좋다고 생각하여 발언한 것이므로 단칼에 거절하면 그의 의욕은 꺾이고 만다. 반대로 "그렇군, 재미있는 생각이야. 그게 실현될 거라고 장담할 수는 없지만 어떻게 하면 할 수 있을지 함께 생각해 보자고."라는 반응을 보이면 긍정적인 분위기를 만들 수 있다. 어느 정도 생각을 해보고 행동으로 옮긴 후, 실현하기에 곤란한 일이란 것을 알게 되면 회사가 곧바로 대체 안을 제시하면 된다.

예견치 못한 일 혹은 어떤 상황이 생겼을 때 침착하게 대응하는지 그렇지 않은지가 회사의 성장 여부를 결정한다. 획기적인 아이디어나 개혁은 언제나 절대다수가 반대하는, 그런 말도 안 되는 이야기에서 시작한다. 그러므로 나는 직원들이 계속해서 말도 안 되는 이야기를 제안해 주길 진심으로 바란다.

흔들림 없는
오퍼레이션 시스템

앞에서 말했듯 16량(輛) 신칸센을 7분 안에 완벽하게 청소하는 것이 텟세이의 청소작업이다. 이제 어떻게 그런 일이 가능한지에 대해 생각해 보자. 솔직히 말하자면 우리에게 세 가지 마인드가 있기 때문에 실현 가능한 일이다.

- 철저한 규율과 지휘명령
- 절묘한 팀워크
- 보람, 기쁨, 자부심

이 세 가지 중에서도 가장 중요한 것이 '철저한 규율과 지휘명령'이다. 이 부분이 제대로 지켜지지 않으면, 팀워크도 보람도 자부심도 운운할 수 없다. 텟세이는 얼핏 보면 따뜻한 회사처럼 보이지만 사실은 냉철한 우리만의 규칙 속에서 자유롭게 움직이고 있다. 엄격한 규율 속에서 지휘명령한 대로 진행하므로 완벽하게 일을 끝낼 수 있다.

예를 들어, 도쿄 역의 한 팀은 22명으로 이루어지고 이런 팀이 모두 11개나 된다. 각 팀에는 근무총괄주임이라고 불리는 관리자가 1명씩 배치되고 그 밑에 주임, 또 그 밑에 팀 어시스턴트, 그 밑에 일반 직원으로 층층이 구성되어 있다. 총괄주임의 명령은 절대적이며 모든 것은 총괄주임의 지시에 따라 이루어진다. 이것이 텟세이라는 회사의 기본 구조로, 말하자면 직원들은 흔들림 없는 오퍼레이션 시스템(Operation system) 속에서 일하고 있다. 그렇기 때문에 거기에는 명확한 지휘자가 필요하고 팀 전원은 지휘자의 명령을 확실하고 신속하게 따라야만 한다.

텟세이의 근간은 이러한 오퍼레이션 시스템을 완벽하게 실행하기 위한 지휘명령 계통과 관리 체제다. 주어진 시간 안에 청소를 끝내고 승객들이 승차하도록 하는 것 그리고 조금이라도 많은 추억을 만드는 것이 우리에게 주어진 임무이다. 그 기본적인 임무가 흔들리지 않기 위해서라도 업무의 근간이 되는 관리체제가 제대로 이루어져야만 한다.

직원들의 제안에 'NO'라고 말하지 않을 수 있는 것도 지휘 명령 계통과 관리 체제라는 대전제가 있기 때문에 가능하다. 그러므로 정해진 틀 속에서 얼마나 자유로운 발상으로 승객들을 맞이할 수 있는지가 중요하다.

이러한 오퍼레이션 시스템 속에는 흔들림 없는 팀워크가 뿌리내리고 있다. 팀워크를 유지하려면 '인사 예절'이 필수적이다. 다만 이때의 인사 예절은 '상하 수직 관계'를 드러내기 위한 것이 아니라 같은 팀의 멤버라는 것을 확인하기 위함이다. 자연스럽게 소리 높여 인사하는 습관을 가짐으로써 서로를 존중하는 마음을 기르면 결론적으로 승객 서비스 향상으로 이어진다.

텟세이는 멤버들이 입버릇처럼 자연스럽게 인사하는 분위기를 장려하기 위해 같은 팀 멤버 사이에 쉽게 의사소통을 할 수 있는 방법은 없는지 생각하고 있다. 매일 한 팀에 속한 멤버들은 차량 청소를 하러 가기 전까지 준비실에서 대기한다. 어느 의자에 누가 앉을지는 그날 담당별로 정해지며 담당은 매일매일 바뀐다.

사람들은 아무래도 친한 사이끼리 모이기 마련이고 그것은 하나의 파벌이 되기 쉽다. 그렇게 되면 친하지 않은 멤버에게는 필요한 정보가 늦게 전달될 수도 있다. 이런 상황을 방지하기 위해서 자리를 지정하여 모두가 두루두루 친해질 수 있도록 하고, 그로 인해 직원들 사이에 벽이 없는 커뮤니케이션이 가능해졌다.

'개방적인 회사'는 목표가 아니다

우리는 '개방적인 회사를 만들자.'는 말을 자주 듣는다. 진정한 의미에서 개방적인 회사는 목적이 아니라 수단이 되어야 한다. 그것이 목적이 되면 직원들은 오히려 개방적인 회사를 만들어야 한다고 할 말이 없어도 억지로 '자기 의견'을 거침없이 말해야 하기 때문에 무의식 속에서 강요당한다. '회사 방침이니 어쩔 수 없지.'라고 생각하며 내키지 않은데 억지로 말하는 의견은 그 사람 본연의 생각이라고 할 수 없다. 그나마 그렇게 억지로 의견을 냈는데 회사는 무시하거나 부정한다면? 이런 의견은 아무 의미 없는 에너지 낭비일 뿐이다.

스태프가 자기 의견을 말하는 이유는 그것을 들어주길 바라기 때문이다. 그러므로 누군가 제안한 의견에 더해 회사가 명확한 대응책을 강구해야 한다. 직원들은 '회사가 우리의 의견을 듣고 실현하려고 애쓰지 않는다.'라고 생각하면 정말 반영되길 바라는 의견, 중요한 의견도 말하지 않는다. 다양한 제안에 대해, 또 설사 말이 안 되는 제안이라고 해도 NO라고 말하지 않는 자세를 갖는 건 이런 맥락에서다.

개방적인 회사를 만든다는 것은 현장에서 일어나는 다양한 문제점에 대해 회사와 직원이 함께 해결책을 생각하고 실천하여 그에 따른 성취감까지 공유하는 것이다. 그렇기 때문에 텟세이에서는 '밝은 직장', '개방적인 직장', '누구나 당당하게 의견을 말할 수 있는 직장'을 목적이 아닌 단순한 '수단'으로 삼고 있다.

달리 말하자면 우리는 무척 힘든 일을 하고 있다는 말이기도 하다. 나는 지금까지 안전을 전문으로 하는 철도맨의 길을 걸어왔기 때문에 이런 발상에 아주 익숙하다.

철도를 둘러싼 환경에는 우리가 생각지도 못한 사고의 싹들이 도처에 숨어 있다. 만약 말하면 혼날 것 같아서 보고를 게을리 한다면, 이로 인해 끔찍한 사고가 일어날 수 있다. 이런 사태를 방지하기 위해서는 "화내지도, 처벌하지도 않을 테니 뭐든지 알려 달라."는 말뿐이 아닌, 진정한 자세가 무엇보

다 중요하다. 이것이 위험관리(Risk management)의 첫 걸음
이자 안전을 다루는 모든 사람들의 자연스러운 발상이다.

본사 주도에서
현장 주도로 바꿔라

텟세이에 입사한 당시, 도쿄 클린센터에는 3명의 인스트럭
터가 있었다. 그녀들은 직원 교육 담당이었지만 갑자기 쉬는
사람의 빈자리를 채우는 역할을 하다 보니 결국 정작 직원들
을 교육할 시간이 없었다. 인스트럭터라는 이름만 있을 뿐 실
질적으로 아무 의미가 없는 셈이었다. 회사가 급할 때마다 인
스트럭터를 대리로 내세우는 바람에 중간 리더나 매니저의
권위가 형편없이 낮아졌다.

나는 이 제도를 바꾸기로 결심하고 3명이던 인스트럭터를
6명으로 늘렸다. 교육 전문직인 인스트럭터가 쉬는 사람의
빈자리를 채우는 일이 없도록, 급한 결원이 생겼을 때는 다
른 사람을 긴급 호출해서라도 엄격하게 대응하도록 지시했
다. 그리고 회사를 난감하게 하는, 이유 없이 무단결근하는
사람에 대해 엄정하게 조치하지 않으면 소장 이하에게 책임
을 추궁하였다. 도쿄 클린센터뿐만 아니라 다른 서비스센터

에도 인스트럭터를 증강하여 같은 지시를 따르도록 하였다.

비용 절감을 외치는 시대에 청소 담당이 아닌 직원을 일부러 충원하거나 배치하는 청소 회사는 거의 없을 것이다. 청소 회사는 청소만 잘하면 그만이라고 생각하기 때문이다. 그러나 도쿄 클린센터의 인스트럭터들은 맡은 역할을 제대로 해냈고, 텟세이의 개혁에 큰 힘을 발휘했다. 나의 생각을 하나하나 일선의 직원들에게 전달하고 지도해 나가는 인스트럭터들이 지금의 텟세이를 만들어 냈다고 해도 과언이 아니다. 그리고 그것을 받아들인 주임들도 큰 역할을 해냈다. 그들이야말로 텟세이의 보물이다.

이런 변화 속에서 직원들도 자신들의 생각을 적극적으로 제안하게 되었다. 만약 예전처럼 본사가 모든 것을 주도한다면 이러한 생각에 부응하기에는 한계가 있다. 본사 주도가 아니라 현장 주도로 바뀌는 순간 개방적인 회사로 자리 잡을 수 있다. 다양한 제안을 하나하나 본사에 보고하고 개선하기 위한 예산부터 요청하는 형식을 과감하게 버려야 한다. 순서를 뒤집어 미리 현장에 있는 소장들에게 비용을 전달하여 직원들의 제안을 신속하게 실현해야 한다. 열심히 일하는 직원들을 위한 표창 비용도 마찬가지다.

'사기를 높이는 데 필요한 재정을 지원받고 싶다.'는 제안은 처음에 경영회의에서 큰 반감을 자아냈다. 반대 의견이 있을 거라는 점은 이미 짐작하고 있었지만, "미리 돈을 주면 어디에 쓸지 모른다."는 반대 이유에 나는 흥분하고 말았다. 이 말은 한마디로 직원을 믿지 않는다는 뜻이다.

"현장의 리더를 임명한 것은 누구입니까? 그렇게 믿지 못하겠으면 리더들을 전부 바꾸지 그러십니까?"라고 강하게 항의했다. 그 결과 경영진의 이해를 얻어 2년 전부터는 미리 예산을 받을 수 있게 되었다.

현장을 신뢰하고 미리 전달하는 예산이기 때문에 이 제도는 '모두의 프로젝트'라는 이름으로 점점 더 발전하고 있다. 현장에서 올리는 제안을 신속하게 실행하기 위해 현장 리더에게 미리 예산을 지급하고 있으며, 당연한 일이지만 부정사용은 전혀 없다.

텟세이에는 55세부터 65세까지의 여성이 많은 편인데,
비교적 젊은 사람들도 늘어나기 시작했다.

전체 미팅이 끝난 후, KYT를 하고 있는 모습. KYT는 위험(일본어로 危険, kiken),
예측(일본어로 予知, yochi), 훈련(training)의 줄여 만든 조어이다. 현재 스태프들이
가리키고 있는 것은 '플랫폼에서 추락 주의'라고 적힌 표지판이다.

"회사 규모가 커서
불가능합니다"

아직도 갈 길이 멀지만, 텟세이 본사는 인사 관리와 예산 관리, 큰 제도 같은 것만 주도하고 나머지는 모두 현장에서 하나하나 해 나가자는 방식으로 바뀌어 가고 있다.

견학을 오는 대기업 사람들에게 텟세이의 이런 시도에 대해 이야기하면 "그건 텟세이 정도의 규모라서 가능할 겁니다. 우리는 사람이 많고 시스템도 복잡해서 그렇게까지 대담한 개혁은 무리입니다."라는 소극적인 대답을 한다.

"사원이 수만 명이라고 전 직원이 모두 한곳에 있는 건 아니지 않습니까? 지점이나 사무소 등 여러 곳에 흩어져 있고, 그 각각의 지점은 텟세이보다 규모가 작은 곳도 있을 겁니다." 이렇게 예리하게 질문하면 그들은 아무 말 못한다.

처음부터 안 된다고 부정해 버리면, 시간이 지나도 그 회사는 발전할 수 없다.

사실 텟세이도 네 개의 사업소, 즉 네 개의 회사를 가지고 있다. 이 네 개의 회사가 모여서 텟세이라는 조직을 이룬다. 이렇게 보면 '대규모라서 안 된다.'라는 발상은 들어설 자리가 없다. 유연하게 대응하는 마인드를 가져야만 회사는 혁신할 수 있다.

본사의 이름으로 현장을 좌지우지하려는 태도는 바뀌어야 하며, 그런 개선 활동이 기업의 발전을 결정한다. 하나씩 변화하며 성과를 올리는 것이 기업도 살아남고 직원들도 살아남는 길이다. 이미 텟세이에서 다양한 노력과 시도를 통해 성과를 이루었고 터득한 경험이므로 자신감을 가지고 단언할 수 있다. 견학하러 오는 사람 중에는 겉으로는 아무 말도 하지 않지만 얼굴에 '그래봤자 청소 회사잖아.'라고 쓰여 있는 사람들도 있다. 하지만 그들도 견학을 마치고 돌아갈 때는 송구스러운 표정으로 "감사합니다."라고 말하고 돌아간다. 단순하게 청소 회사라고 생각하고 왔다가 생각과는 전혀 다른 텟세이의 본격적인 모습에 압도당한다.

그렇다고 우리가 특별한 일을 하는 것은 아니다. 청소 일을 하면서 그에 동반하는 여행의 추억을 만드는 극히 당연한 일을 하고 있을 뿐이다. 단지 그 당연한 일을 즐겁고 철저하게 해내기 때문에 설득력이 생기는 것이다. 그 사실을 뼈저리게 잘 알고 있기 때문에 회사로서는 '당연한 일을 당연하게 하는 사람'을 정당하게 평가하고 싶다.

업무총괄주임 및 주임 회의. 1개월에 한 번 개최되어 직장의 문제점과
해결책을 의논한다.

연간 40팀 정도 결성되어 개선활동을 하고 있다.
이 중 12팀이 예선을 통과하여 본사발표대회에서 개선 성과를 발표했다.

경영진은
광고 기획자가 되어야 한다

　나는 JR에서 안전을 담당하는 부서에서 일했으므로 안전관리 영역 외의 다양한 캠페인에도 참여했다. 그 일환으로 철도건널목 사고방지 캠페인을 했을 때의 일이다. 그때까지만 해도 철도건널목에서 일어나는 여러 가지 사고를 방지하기 위해 활동을 벌이고 있었는데, JR만의 노력으로는 한계가 있었다. 철도건널목을 건너는 많은 사람들에게 사고의 위험성을 알리고 주의를 환기할 필요성이 시급했다. 우리는 사고를 예방하자는 포스터를 만들고 TV에 광고도 하였다. 광고 제작은 광고 전문 회사인 일본 덴쓰(電通)에 부탁했는데, 덴쓰의 담당자가 "철도건널목에 감시 카메라가 있는 걸로 알고 있는데, 혹시 그중에 차가 차단기를 돌파하는 영상은 없나요?"라고 물었다.

　"있을 겁니다. 그런데 그건 왜요?"

　"그걸 TV에 내보내려고요."

　그런 끔찍한 영상을 TV에 내보낸다니, 처음에는 깜짝 놀랐지만 덴쓰에 영상을 제공했다.

　차단기를 부수고 돌진하는 덤프트럭의 영상이 방영되자 세간은 충격에 휩싸였다. 지금도 나는 종종 "그 영상을 봤다."

"아직도 기억한다."는 말을 듣는다. 생각도 못했지만, 그때 그 광고는 큰 상을 받았다.

그때 나는 광고업계 사람들의 탁월한 기획력과 범상치 않은 접근 방식에 적이 충격을 받았다. 광고를 만드는 사람들은 광고를 통해 어떤 상품에 무관심한 불특정 다수의 이목을 끌고 상품을 각인시킨다. 나는 지금도 다양한 룰을 만들어 '이렇게 해야 한다.' '이렇게 하자.'고 종종 외치고 있는데 그것이 잘못되었다는 것을 깨달았다. 룰을 지키자고 강요할 것이 아니라 다양한 수단을 활용하여 사람들의 마음을 진정으로 움직여야 한다. 광고업계 사람들의 발상이나 접근 방식은 경영에 대한 나의 생각을 크게 바꾸었다.

본사의 지시대로 움직이는 것이 아니라 다양한 방법을 사용하여 내가 상상하는 텟세이의 모습, 나의 생각을 전달하려고 한다. 사전에서 '매니지먼트'의 뜻을 찾아보면 '관리', '감독', '운영'이란 해석들이 이어지는데, 왜 이렇게 번역했는지 솔직히 납득이 되지 않는다. 매니지먼트의 역할에는 단순한 관리가 아니라 '조직을 움직이고 성과를 내는 것'까지 기대해야 하는데, 단순한 '관리'로는 그러한 효과를 기대할 수 없다.

실현 가능하다면
허풍도 비전이 된다

바람이 아무리 불어도 계속 같은 바람만 분다면 잔잔한 수면에 파도를 일으킬 수 없다. 큰 돌을 던져 파문을 일으키는 것이 개혁의 첫걸음이다. 직원들이 새로운 시대에 눈을 돌리게 하기 위해서는 그 방법밖에 없다.

'새로운 토털 서비스', '산뜻하고 안심할 수 있는 따뜻한 공간의 창조', '추억 상품' 등이 텟세이의 수면에 파문을 일으킨 개혁의 큰 돌이었다. 그것을 실현하고자 한 단계씩 구체적인 방법을 내고 실천해 나갔다. 나는 반드시 실현할 수 있을 거라 생각했다. 조금만 손을 뻗으면 닿을 수 있는 목표였기 때문이다.

나중에 직원들이 웃으면서 "야베 부장님이 계속 말도 안 되는 말만 꺼내셔서 다들 허풍이라고 생각했어요."라고들 했다. 그 말에 조금 실강하기도 했지만 여기에는 중요한 포인트가 있다. 처음에는 아무리 '허풍'처럼 들리더라도 그것이 실현 가능하다면 곧 비전이 된다. 말하자면 내가 한 말은 '이 정도면 할 수 있겠지?'라는 생각을 바탕으로 한 '실현 가능한 허풍'이었다.

직원들은 그때까지 그런 계획이 이루어질 거라고 생각하지 않았다. 내가 하는 말을 '허풍'이라고 여겼던 것도 그 때문이다. 몇 년이 지나고 "부장님은 '허풍쟁이'지만 본인이 내뱉은 말은 꼭 지키시죠. 대단해요."라는 말을 들었을 때는 눈물이 날 것 같았다. 허풍 같은 말도 시간이 지나 실현되면 곧 비전이 된다는 사실을 알게 되었다.

역사를 되돌아보더라도 그렇다. 혼다의 창업자인 혼다 소이치로(本田宗一郎)는 "세계 속의 혼다가 되자."라고 말해 비웃음을 샀다. 그것이 실현될 거라고 누구도 믿지 않았기 때문이다. 하지만 실제로 '세계 속의 혼다'가 되자 이제는 아무도 비웃지 않는다. 남들이 보기에는 허풍 같아 보이더라도, 실현할 수 있다는 자신감으로 그렇게 선포하고 그것을 실현시키면 된다.

'새로운 토털 서비스', '두근두근 신칸센 극장', '기술과 마음의 환대' 등 이런 말들이 매년 텟세이의 경영계획 주제가 되었다.

코멧 슈퍼바이저의 배치, 유니폼 변경, 냉방시설 정비 그리고 엔젤 리포트 등 여러 실행 과제를 실천하는 것도 마찬가지다. '정비과'를 '기술 서비스과'로, '클린센터'를 '서비스센터'로 바꾸는 일도 같은 맥락에서 이루어졌다. 개혁에는 특효약이 없다. 다음 장에서 상세하게 이야기하겠지만, 비결은 '일류 실행력'에 있다. 나는 쉽게 질리는 편이라 새로운 일을 시작해도 그것은 금방 당연한 일이 되고 자극이 사라져 버린다. 그래서 계속 새로운 일에 도전하면서 자신과 직원에게 자극을 주며 직원들을 부추긴다. 그러므로 나와 함께 일하는 매니저들은 달변가가 되어야 한다.

"그렇게 여러 가지 변화를 자주 추진하면 직원들이 혼란스러워하지 않나요?"라고 물어보는 사람들이 많다. 그렇지 않다. 변화가 많은 것처럼 보이겠지만 그것은 모두 '산뜻함, 안심, 따뜻함'이라는 한 가지 목표를 실현하기 위한 것이다. 이 목표는 지금까지도 변함이 없다.

커뮤니케이션의 목적은 자신의 따뜻함을 상대에게 전달하는 것

부하직원과의 커뮤니케이션은 리더에게 있어서 두말할 나위 없이 중요하다. 하지만 그 목적과 수단을 혼동하는 리더들이 종종 있다. 사람은 회식, 레크리에이션, 스킨십 등의 다양한 수단을 통해 커뮤니케이션을 할 수 있다. '아이는 부모의 등을 보며 자란다.'는 말처럼 침묵도 커뮤니케이션의 한 가지 유형이다.

경영자와 직원 사이라면 커뮤니케이션의 목적을 경영자의 '따뜻함'을 종업원에게 전달하는 데에 두어야 한다. 경영자는 승객을 대하는 것처럼 직원을 대할 때에도 '배려와 환대'라는 마음가짐을 가져야 한다.

현재 나의 직함은 '환대창조부장'이며 업무는 '직원 환대'이다. 환대는 상대방에게 감동을 주는 행위다. 직원이 감동을 받아야만, 직원도 승객을 진정 감동시킬 수 있다는 차원에서 나온 직함이다. 거기에 '언제나 당신을 지켜보고 있다.'는 따뜻함을 전하고, 직원들을 위해 회사도 얼마든지 변할 수 있다는 '회사의 진심'을 전달하는 것이 무엇보다 중요하다.

지금까지 많은 일을 해오면서 자연스럽게 이런 생각이 들었다. 회사에서 일하는 사람들은 상무나 부장과 같은 '직함'이 아니라 '사람'을 보고 따라온다. '아랫사람은 3일이면 상사를 알고, 윗사람은 3년이 지나도 부하를 모른다.' 이 말은 정말 마음에 새겨 두어야 할 말로서 백번 천번 지당하다. 특히 텟세이의 스태프들은 다양한 인생을 경험한 사람들이므로 말만이 아니라 확실히 행동으로 실천하는, 진정한 '사람'을 분별하는 능력을 가지고 있다.

10명을 키우기보다는
9명이 따를 그 한 명을

예를 들어 직원이 10명이라고 했을 때, 10명이 모두 동일한 업무를 같은 시간에 완벽하게 완성할 수 있는 업무 능력을 갖도록 숙련시키는 것은 어렵지 않다. 그러나 각자가 품고 있는 리더십은 다르다. 무엇보다 중요한 한 가지 힘은 바로 스태프들의 리더십이다. 어떤 집단이든 리더십을 갖춘 사람이 필요하다. 그 한 사람을 발견하여 책임감을 가지고 일하도록 장려하면 그 회사는 빛이 나기 시작한다. 10명 중 한 명이라도 제대로 된 리더로 키울 수 있다면 나머지 9명은 자연적으로 따라오기 마련이다.

어떤 조직이든 조금 비뚤어진 사람이나 비협조적인 사람이 있다. 그런데 일부러 그런 사람을 리더로 삼으면 오히려 좋은 리더가 되곤 한다. 직속 상사로부터 "그런 녀석은 안 됩니다."라고 평가절하 받는 그 인물이야말로 리더의 소질을 가지고 있는 경우가 많다.

이는 주목할 만한 사실이다. 어느 집단에서 다른 사람 말을 듣지 않는다는 것은 자신만의 생각이 있다는 반증일 수 있다. 하지만 그런 사람들은 대부분 칭찬을 듣거나 인정받은 적이 없기 때문에 자기 생각을 솔직하게 표현하지 못하고 '비뚫어진 사람'이라는 꼬리표를 달고 다닌다. 하지만 소질은 있으므로 리더로서 책임감을 갖도록 해주면 자신의 생각을 발휘하면서 점점 성장해 나간다.

조직은 규모가 커지면 커질수록 '착한 사람'을 고르려고 한다. 물론 올곧은 사람은 필요하지만 그 틀을 깨는 리더의 존재도 절대적으로 필요하다. 모난 돌이라고 정으로 쪼아대서는 안 된다. 일상에서 "분위기 파악을 못한다."는 말을 자주 하는데, 분위기를 파악해야 한다는 사고방식 자체를 버려야 한다. 아무리 그 순간의 분위기가 좋지 않다고 해도 자유롭게 말할 수 있는 환경을 만드는 것이 중요하다. 그 바탕에는 스태프들이 회사는 언제나 나에게 관심을 두고 있다는 느낌을 받도록 하는 문화가 있어야 한다. 설사 집단 속에 적응하기 힘들어하는 사람이라도 점차 편한 마음이 생길 것이다.

물론 너무 자유로운 분위기를 만들면 그것을 악용하는 사람들이 있으니 주의해야 한다. 분별없이 친한 척하는 사람에게는 때로 '돌을 쪼는 정'을 꺼내들기도 하면서, 균형을 잘 맞추어야 한다.

경영자에게는 '진지함'과 '성실함'이라는 소질이 필요하다. 자신의 진심을 전달하는 능력과 함께, 상대의 말과 함께 여러 행동과 분위기 등 다양한 루트를 통해 상대의 기분을 읽을 수 있어야 한다. 내가 그러하듯 상대도 나를 바라보고 있다. '언제나 당신을 보고 있다.' '생각하고 있다.' '인정하고 있다.'는 마음이 전해지면 그것이 의욕을 불러일으킨다.

리더십에는 다음과 같은 요소가 있어야 한다.

해결해야 할 문제가 무엇인지 잘 알고 있다.
그 문제를 어떻게 해결해야 좋을지 생각하고 있다.
해결책을 행동으로 옮기도록 모두를 설득시킬 능력이 있다.
다 함께 해결책을 실행해 가는 넓은 마음이 있다.
문제를 해결했다면 모두와 그 성취감을 공유할 수 있다.

자기 혼자만 그런 생각을 가지는 것이 아니라 모두가 함께 변화해야 한다는 생각을 가지고, 목표를 달성하면 자신의 일 이상으로 기뻐할 수 있는 것이 리더십이다.

대재난이 닥친 그때
우리 조직의 강점이
빛을 발했다

2011년 3월 11일, 동일본 대지진이 일어났다. 나는 도쿄 서비스센터의 회의실에서 매스컴의 취재에 응하고 있었는데, 갑자기 흔들림이 너무 심해서 취재를 더 이상 진행할 수 없었다. 취재를 중단하고 당장 야에스(八重州)의 본사로 향했다. 본사에 도착하여 가장 먼저 도시락과 모포를 배급 받고, 미리 준비해 두었던 간이 화장실과 마른 빵이 부족하지 않도록 안배하여 보충해 놓았다. 이런 것들을 챙겼던 것은 돌아가지 못하는 사람들이 생길 것을 예상했기 때문이다. 나는 JR에 있으면서 지진을 포함한 안전사고에 대한 다양한 경험을 했기 때문에 신속하게 움직일 수 있었다.

아무튼 동일본 대지진으로 우리 조직의 강점과 자기 자신의 판단으로 움직이는 우리 직원들의 민첩함과 대단함을 다시 한 번 확인할 수 있었다.

센다이의 전동차 기지가 피해를 입고 지진 4일째에는 나스시오바라(那須塩原)에서 열차가 되돌아가야 했으니 일주일 정도는 전반적으로 청소가 불가능했다. 청소를 할 수 있는 곳은 오야마 서비스센터뿐이었다. 오야마의 직원들이 센다이 차량기지의 청소와 나스시오바라 역의 청소도 급하게 담당하게 되었다. 나스시오바라 역에서 되돌아 운행하는 열차는 원래 다른 회사가 담당하기로 했었는데, 그 회사가 더 이상 할 수 없다고 하여 텟세이에서 대신 일을 맡은 것이다. 텟세이는 매일 도쿄와 우에노, 다바타의 직원 40명을 신칸센으로 오야마와 스나시오바라에 파견했는데, 날마다 파견한 인원 수를 따져 보니 무려 2천 명에 달했다.

이 시기에는 여진도 많았고 방사능 문제도 있었으므로 직원들이 불안해했다. 처음 직원을 파견했을 때는 나도 동행했는데, 역 플랫폼의 대합실은 엉망진창인 상태였다. 모두가 힘을 합쳐 되돌아 운행해야 하는 열차를 청소했다. 또 조에쓰-나가노(上越·長野) 신칸센은 운행되고 있었으므로 그쪽 청소를 위한 직원도 확보해야 했다. 고달픈 일이었지만, 모두가 힘을 합친 덕분에 결과적으로 49일째에 모두 복구할 수 있었다.

직원들 모두 적극적으로 대응해 주었는데 "만약 집이 지진으로 무너졌으면, 일하지 않아도 되니 빨리 집에 돌아가라."고 전했는데도 자전거를 타고 5시간이나 달려서 일하러 온 사람도 있을 정도였다. 이는 사명감이 있는 스태프들이기에 가능한 일이었다.

업무총괄주임과 주임뿐 아니라 일반 스태프들도 참가하여 3개월에 한 번
개최하여 직장의 문제점과 해결책을 논의하고 실행한다.

우리는 본사에서 '이렇게 하라'고 하는 것뿐 아니라,
스태프들이 '이렇게 하자'고 하는 자발성을 더욱 중시한다.

옳은 일을 하고 싶다면,
높은 사람이 되라

나는 고등학교를 졸업하고 바로 국철에 입사해 40년 동안 철도 회사에서 일했다. 일을 하면서 철도 회사는 상명하달과 매뉴얼의 조직이라는 점을 깊게 느꼈다. 그렇지 않고서는 하루 1400만 명이 이용하는 수도권 승객들의 기대에 부응할 수 없을 것이다. 나는 그런 분위기 속에서 '지금 해야만 하는 일은 무엇인가?'를 늘 고민하고 공부하며 지금까지 달려왔다. 반면에 공기업이니까 망할 일도 없다며 해이한 정신 상태로 그냥 내 일만 잘하면 된다고 생각하는 상사를 만나기도 했다. 그런 상사 밑에서 일할 때 그런 생각은 틀렸다고 느낀 적이 적지 않다. 내게는 반면교사가 된 셈인데 이대로는 안 된다는 생각을 쭉 가지고 왔기 때문에 지금의 내가 있는 것인지도 모르겠다.

JR에 있을 때, 젊은 사람들에게 자주 이런 말을 했다.

"조직이라는 게 이상하다고 생각한 적 있지 않은가? 나도 그런 적이 있네. 하지만 처음부터 불만을 말하지 말게. 불만부터 말하면 혼만 날 뿐이야. 틀렸다고 생각하는 부분을 지적하고 옳다고 생각하는 일을 하고 싶다면, 그것을 할 수 있는 높은 사람이 되지. 높은 자리에 오르고 나서 그 생각을 제대로 실행하면 되는 거야. 단 높은 자리에 올랐을 때는 예전의 생각을 잊어버리는 경우가 많은데, 절대 그것을 잊어서는 안 된다네."

나는 지금까지 이 말을 유념하고 행동해 왔다. 젊은 시절에 '나의 생각과 달리 상사가 시키는 일을 해야 하는 안타까움'을 절실히 느꼈기 때문에 지금의 내가 있는 셈이다. 그런 경험을 하면서 관리자가 되었을 때, 나는 '시키는 대로 해.'라고 부하직원을 내려다보는 자세를 취하지 않았다. 다치카와 역장일 때, 나는 직원들과 함께 현장을 돌고 문제점과 개선점 등 다양한 일을 함께 의논했다. 자기 자랑처럼 들리겠지만, 시키는 대로 하는 안타까움을 알고 있었기 때문에 부하들과 깊은 연결고리를 만들려고 애써왔다. 이렇듯 의식적으로 먼저 해보고 이건 아니다 싶은 것들은 절대 다른 사람에게 시키지 않았다.

또한 아무리 작은 일이라도, 설사 정신없는 회식 자리에서 했던 말이라도 약속은 반드시 지킨다. 누군가 약속을 어겼을 때 불쾌했던 기억이 있기 때문이다.

물론 모든 일이 뜻대로 풀리는 것은 아니므로 시도는 해봤지만 불가능했다고 말할 수밖에 없는 경우도 있다. 그럴 때는 '미안함'을 확실하게 전하면 된다. 성실하게 대하면 마음은 전해지기 마련이다. 매일 내게 전달되는 직원들의 소망에 진심으로 대응했다. 직원들로부터 "정말 해보신 거예요? 들어 준 것만으로 충분했고 진짜 해보지 않았어도 됐는데."라는 말을 듣기도 한다. 특히 여성 중에는 그런 생각으로 고마워한 사람이 적지 않았다. 설사 이걸로 만족한다고 해도 할 수 있는 것은 하는 데까지 해봐야 한다.

다치카와 역장 시절 진심으로 사람을 대하는 것이 얼마나 중요한지를 뼈저리게 느끼게 된 실패담이 있다. 여 직원들과 논의하면서 여러 가지 문제를 해결하는 과정에서 주임 한 분에게 업무를 맡겼다. 어느 날 그 주임은 "역장님, 다했습니다. 보십시오."라고 보고했다. 그때 나는 외부에 회의가 있어서 "수고했어요. 나중에 볼 테니까 책상 위에 올려 둬요."라고 하고는 허둥지둥 외출해 버렸다. 나중에 회식 자리에서 그 주임이 나한테 항의를 했다.

"역장님, 제가 그 업무를 얼마나 열심히 했는데요? 급한 것은 알겠지만, 잠깐이라도 봐주시지……. 그렇게 신경도 안 쓰시다니 좀 서운했습니다."

작은 행동, 말 한마디가 사람의 마음에 상처를 준다. 업무를 열심히 해왔던 그 주임에게 지금도 미안한 마음에 반성하고 있다.

생각은 비관적으로, 결정은 낙관적으로

　사람들 눈에는, 이런 내가 마음 내키는 대로 행동하는 무척 낙관적인 사람으로 비쳐질지 모르겠다. 하지만 사실 나는 그렇게 낙관적이지 않다. 특히 일에 대해 심사숙고하거나 결정을 내려야 할 때는 무조건 그 어떤 사고도 일어날 수 있다는 '비관론자의 자세'를 갖고 임한다.

　이런 성격은 아마도 내가 평생 해온 일과 관련이 있다. 안전을 다루는 입장에 있는 사람은 어떤 때라도 최악의 사태를 먼저 생각해야 했으므로 늘 '비관론자의 자세'를 취하게 되었다. 이 세상에서는 언제 어떤 일이 일어날지 모른다. 특히 철도의 세계에서는 더더욱 그렇다. 그것이 차량 청소와 무슨 상관이냐고 할 수 있겠지만, 차량 청소도 마찬가지다. 어떤 일이 일어나더라도 냉정하고 객관적인 판단을 내리지 않으면, 승객은 물론이고 직원들에게도 불편을 끼치게 된다. 그뿐 아니라 위험에 노출되는 일도 충분히 발생할 수 있다. 왜냐하면 우리가 일하는 곳은 '현장'이기 때문이다.

　승객과 직원에게 불편을 끼치는 일은 절대적으로 피해야만 한다. 아니, 있어서는 안 된다. 그러므로 '비관론'이 중요한 의미를 가진다. 안전을 위해서는 최대한 비관적으로 거듭거듭 생각해서 다양한 상황에 대처할 판단 훈련이 필요하다. '몇만 분의 일' 정도로 일어날 확률이 적은 일이라도 철저하게 심사 숙고해야 한다. 확률이 높든 낮든 1%라도 무언가 일어날 가능성이 있다면, 그것은 충분히 위험한 일이기 때문이다. 따라서 '이런 일이 일어날지도 모른다.'라고 철저하게 비관적으로 접근해서 다양한 대책을 강구해야 한다.

하지만 반면에 너무 심각하게 생각하면 좌불안석이 될 수도 있다. 예를 들어 하늘에서 운석이 떨어져 머리에 맞을 확률은 거의 제로인 데다가, 아무리 생각해도 그런 일에는 대응할 방도가 없다. 그러므로 일어나지도 않을 일을 계속 고민하는 것이 아니라 상식적으로 볼 때 일어날 수 있는 최악의 일을 상정할 필요가 있다. 승객을 모시는 모든 서비스업계의 스태프들은 이를 구분하는 균형 감각이 필요하다. 이렇게 생각에 초점을 맞추다 보면 결단하기까지 엄청난 갈등이 일어나기도 한다.

지독한 고민이 끝났다면 결단하는 순간에는 곧바로 낙관론자가 되어 망설이지 말고 결정을 내려야 한다. 비관적으로만 생각하다 보면 아무리 돌다리를 두드린다고 해도 결국 누구도 건너지 못하고 끝난다. 이런 상황에서야말로 리더십을 발휘하고 주위를 선도하는 능력이 있어야 한다.

말은 쉽지만 나도 가끔 '이 결정이 옳은 걸까?'라고 불안해질 때가 적지 않다. 예측불가한 요즘 세상에 불안한 마음을 갖는 것은 오히려 정상이다. 초능력자가 아닌 이상 무엇이든 결정을 내려야 하는 위치에 있는 사람이라면 모두 당사자만이 경험하는 불안감이 존재한다.

본의 아니게 결단을 내려야만 하는 상황이 시도 때도 없이 우리의 일상을 침범하고 있다. 하지만 아무리 불안하거나 문제를 내포하고 있다고 해도 많은 경우에는 시간이 해결하기 마련이다. 물론 해야 할 일들은 모두 완벽하게 해놓았다는 전제하에 하는 말이다.

저자 야베 데루오 창조부장이 매스컴 관계자에게 설명하고 있는 모습.

안정될수록 긴장감을 가져라

　JR동일본에는 텟세이를 포함하여 11개의 청소 회사가 있는데 그중에서도 텟세이는 상당히 좋은 평가를 받고 있다. 예를 들면 새로운 차량을 제작할 때에도 '현장에 익숙한 텟세이의 생각을 듣고 싶다.'라고 의견을 요청해 오는 경우도 있고, JR동일본의 도미타 데쓰로(富田哲朗) 사장이나 세이노 사토시(清野智) 회장으로부터 'JR동일본의 선두에 서서 일해 달라.'며 감사장을 받기도 했다.

　하지만 평판이 좋아졌다고 해서 잊어서는 안 되는 현실이 있다. 아무리 다양한 미디어와 업계의 주목을 받고 있다 해도, 텟세이는 JR그룹에서도 기업 규모가 가장 큰 JR동일본의 70여 개 계열사 중 하나에 불과하다는 사실이다. 절대 자만해서는 안 된다. 만약 느슨한 태도가 몸에 밴다면 결과적으로 우리가 하고 있는 일을 부정하는 격이 되고 만다.

사이토: 그날은 야간 근무를 하고 집에 돌아와 한잠 자고 오후에 일어났습니다. TV를 보고 있는데 갑자기 지금까지 경험한 적이 없는 강한 지진을 느꼈습니다. 처음에는 집 안에서 상황을 지켜봤는데 갈수록 흔들림이 더 심해져 언제든지 탈출할 수 있도록 현관을 열어 놓았죠. 그런데 신발장에서 신발들이 후두둑 쏟아져 내리기에 '이거 보통 일이 아니구나.'라고 생각하고 지갑과 차키만 들고 밖으로 나왔습니다. 차 안에서 라디오 뉴스를 듣고서야 이게 엄청난 재난이라는 걸 알았죠. 일단 편의점으로 가서 식료품을 사놓고, 일하러 간 아들딸에게 편지를 쓴 뒤에, 저는 출근을 했습니다.

그렇게 출근하고 보니 상상도 못한 일이 벌어져 있었습니다. 저를 포함한 센터의 모든 사람들이 출근한 것이었습니다. 도로가 함몰되어 도저히 어쩔 수 없었던 한 분을 제외하고 말이지요. 모두 불안한 상황에서도 회사에 가야 한다는 생각으로 센터로 왔던 것입니다. 작업할 일이 있든 없든 다음 날도 모두 출근하는 것을 보면 그만큼 일을 진지하게 생각하고 있는 거겠죠.

시설의 자가발전도 장시간은 사용할 수 없으므로, 난방이 잘 되지 않아 아주 추웠습니다. 비상용으로 준비해 둔 난로 주위에서 겨우 몸을 녹이는 게 다였죠. 작업자들은 자정 무렵 퇴근하고 저와 몇 명은 오후 2시쯤까지 남아서 상황을 확인하고 퇴근했습니다. 하지만 신호등이 꺼져 있고, 평소에 10분이면 갈 거리를 30분이나 걸려서 집에 도착했죠.

마쓰모토: 그날 저는 마침 쉬는 날이었습니다. 오전에 어머니의 왕진 예정이 있어서 진찰하고 나서 데이서비스에 맡기고 이바라키 현(茨城具)의 나카미나토(那珂湊)에 갈 예정이었습니다. 그런데 어머니가 폐렴 진단을 받는 바람에 오후에 모셔다 드리기로 하고 예정을 변경했어요. 어머니의 입원 수속을 끝내고 계단 아래의 매점에서 필요한 물품을 사고 있는데, 갑자기 땅이 흔들리기 시작했습니다. 만약 원래 가기로 했던 나카미나토에 갔다라면 더욱 위험했을지도 모릅니다. 그곳은 바다와 가까운 곳이기 때문에 어쩌면 어머니의 입원 덕분에 산 것입니다.

하지만 무슨 일이 벌어졌는지는 차 안에서 라디오를 듣고서야 알게 되었습니다. 새벽 2시에 겨우 전기가 들어왔습니다. 그전까지 날은 춥고 전기는 끊기고 손전등마저 없어서 불단에 있는 촛불을 켜 놓고 있었어요. 다음 날도 쉴 예정이었는데 설상가상 핸드폰도 집 전화도 연결이 되지 않는 상태였습니다. 거의 이틀간 연락을 할 수 없었습니다.

사이토: 오야마 서비스센터에서는 영업이 끝난 신칸센이 들어오면 청소를 하는데, 신칸센도 멈췄고 지진 후 이틀 동안은 차량이 들어오지 않았습니다. 3일째부터 2, 3대씩 들어와서 그때 현장 상황이 어땠는지 처음으로 알았어요. 특히 심각했던 것은 화장실이었습니다. 전기가 끊겨서 물이 내려가지 않았고, 복구 후에도 오물이 넘쳐서 물을 내릴 수 없어 고무장갑을 삼중으로 끼고 손을 넣어서 조금씩 내려야 했어요. 이런 화장실을 써야만 했던 승객들의 상황을 상상하니 아찔했습니다.

마쓰모토: 인상적이었던 건 좌석의 팔걸이가 몇 군데 부러져 있었습니다. 우리는 깜짝 놀랐죠. 우리는 오로지 이런 부속품을 보고 당시 상황을 상상할 수밖에 없었습니다. 지진이 일어나 몇 시간이나 차내에 갇혀 있었다니, 얼마나 힘들었을까 하는 안타까운 마음이었습니다.

사이토: 전체 청소가 시작되었을 때 센다이 차량기지는 그야말로 '불가사의'였죠. "가족이 아직 발견되지 않았다."거나 "동료가 행방불명이다."라고 하면서도 청소를 하고 있었어요. 책임감이 정말 대단했습니다. "일주일 만에 샤워를 했다."는 이야기를 들었을 때는 뭐라고 말을 못하겠더라고요.

마쓰모토: 아직도 기억에 남는 것은 도쿄 서비스센터에서 지원을 왔을 때의 일입니다. 이야기하다가 스나시오바라 역에서 처음으로 되돌아오는 차량 청소를 했다는 말을 들었는데, 정말 대단한 분들입니다. 협력하고자 하는 마음이 없었다면 절대 할 수 없는 일입니다.

사이토: 다른 회사에서 더 이상 못하겠다고 던져 버린 일을 스나시오바라 사람들이 대신 담당한 일도 있었죠. 도쿄에서 지원을 간 사람들이 돌아와야 하는 시간을 생각하면, 마지막 한 대는 아무래도 청소할 시간이 없으니 대신해 줄 수 없겠느냐는 요청이 있었습니다. 그래서 스나시오바라 사람들이 어떻게 해야 할지 의논한 끝에 그 일을 대신해 주었습니다. 저는 오야마에서 근무가 있어서 마지막 날에 스나시오바라까지 보러 갔는데, 일을 척척 해내고 있어서, 그들의 자세에 감동했습니다.

마쓰모토: 스나 쪽이라면 자택이 피해를 본 분들도 계세요. 하지만 오야마도 지진이 심해서 형광등이 깨지거나 지붕의 볼트가 떨어지는 등 위험한 상태였습니다. 그런 와중에 차량이 들어올 때까지는 통상 하는 청소와는 별개로 현장까지 청소하기도 했습니다.

사이토: 원래는 헬멧을 쓰지 않아도 되는 곳도 있었는데 지

진 직후는 사무소에서 나오면 전원이 헬멧을 쓰기로 의무화했습니다. 헐거워진 볼트가 위에서 떨어지는 등의 위험이 있었고 한 달이 지난 후에는 엄청 큰 지진이 한 번 더 일어났습니다.

마쓰모토: 여진이 1년간 이어져 모두 민감한 상태였어요. 조금만 흔들려도 '또 지진인가?' 하고 긴장했죠. 그래서 피난 방법 등을 모두에게 전달했습니다.

사이토: '차량 안에 있을 때 지진이 일어나더라도 차량은 안전하니까 일단 좌석과 좌석 사이에 앉아서 상황을 지켜보라.' '승강장에 있을 때는 서비스 승강장 아래로 내려가라.' 등 안전 상식을 공유했죠. 지진 피해만이 아니라 태풍 등 비상시에도 그렇습니다만 차량이 들어오지 않으면 할 일이 없어집니다. 태풍이 있으면 차량이 하루에 3대 정도만 들어오는 경우도 있죠.

마쓰모토: 정보를 받을 때까지 대기소에서 대기하고 있었는데 직전까지 몇 대가 들어올지 모르기도 하고, 비상시에는 역시 힘듭니다.

5 장

회사는 삼류여도
실행은 일류로

일류 회사가
아니어도 좋다

이런 의문을 품었던 적이 있다.

'과연 텟세이는 일류 회사가 될 수 있을까?'

현장 스태프들에게 의견을 물어봤더니 다음과 같은 대답이 돌아왔다.

"우리는 일류가 될 수 없어요. 일류 회사는 상장도 하고 수익도 높고 우수한 사원도 많아야 하잖아요. 게다가 흔들리지 않는 전통도 있어야 하고요. 하지만 텟세이는 그렇지 않잖아요? 제 생각엔 무리예요."

어떤 의미에서는 매우 명쾌한 대답이다. 또 확실히 그럴지도 모른다. 우리가 하는 일은 현장주도형 업무로 말하자면 투박한 일이기도 하고, 미디어에 비춰지는 기회가 많다고는 해도 특별히 세련된 업무는 아니다. 하지만 나는 또 이런 생각도 들었다.

'텟세이는 세상에서 달하는 일류 회사는 못 될 수도 있다. 전략이나 전술도 이류, 삼류일지도 모른다. 하지만 그 대신 실행력에 있어서는 일류가 되자.'

이런 생각의 바탕에는 '일류 전략을 적당히 실행하기보다는 이류, 삼류 전략을 확실하게 실행하는 쪽이 효과적이다.'

라는 안전 분야에서 일할 때의 다짐이 있었다. 오랫동안 안전에 관한 일을 해왔기 때문에 이런 생각을 고집하는 것일지도 모른다.

나는 주저 없이 이 생각을 직원들에게 전달하고 실행력을 높이기 위해서는 어떻게 해야 할지를 고민하기 시작했다.

일단 '이런 일을 한번 해보지 않겠느냐.'고 묻고, 직원들이 그 일을 책임감을 가지고 실행하도록 격려하는 것이 가장 좋다. 그리고 조금이라도 성과가 나면 그때는 "잘했어. 훌륭하군!" 하고 진심으로 칭찬한다. 그러면 칭찬을 받은 사람은 '그렇구나. 부장님이 이런 것을 원하시는구나.'라고 실감하게 된다. 이론을 통해서가 아니라 깊은 커뮤니케이션을 통해 직접 감각으로 느끼도록 하는 것이다. 이렇게 해나가면 "부장님이 원하는 것"이라는 생각에서의 '부장님'을, 차차 '상사'나 '회사'로 바꾸어 확장시킬 수 있다.

직원들의 실행력을 항상 평가하고 키워간다

회사의 실행력을 높이기 위해 나는 의식적으로 노력을 기울였다. 개개인의 성과를 사보에 싣는 등의 방법으로 조금이라도 많은 사람들이 알 수 있는 기회를 적극적으로 만들었다. 엔젤 리포트가 바로 이러한 목적으로 만든 것이다.

다양한 부분에서 직원들의 '실행력'이 발휘되자 회사의 발전도 가속화되었다. 어떤 목표든 하고 말만 방치해 두어서는 안 된다. 아무리 사소한 것이라도 직원이 노력한 점을 놓치지 않고 평가한 뒤 피드백을 주는 것이 무엇보다 중요하다.

이렇게 이야기하면 "무척 어려운 일이군요. 저희 회사에서는 그렇게 하기 힘들 것 같습니다."라고 태연하게 말하는 사람도 있다. 다른 회사 일이지만 솔직히 걱정스럽다. 경영자는 왜 존재하는지, 경영자의 가장 큰 역할이 무엇인지를 이해하고, 직원을 인정하는 마음을 가지고 조금만 부지런하면 어떤 회사에서도 실행할 수 있다.

좋은 평가를 받고 기뻐하지 않을 사람은 없다. 직원들의 실행력을 평가하고 칭찬하는 과정을 반복하자, 많은 사람들이 다양한 것을 자연히 그리고 적극적으로 하게 되었다.

처음에 "실행력에 있어서는 일류가 되자."고 말했을 때, 직원들은 "저게 무슨 말이야?"라는 반응을 보였다. 하지만 지금은 아무도 그렇게 생각하지 않는다. 누가 봐도 텟세이는 일류 실행력을 갖춰 가고 있는 중이기 때문이다.

텟세이는 세인의 호평을 들으며 주목과 인정을 받고 있다.

그것이 직원 한 명 한 명의 자부심으로 이어져, 오늘과 같은 결과를 낼 수 있었다. 처음에는 과연 잘해 나갈 수 있을지 걱정했는데 8년이란 세월이 지나면서 나름대로의 성공을 거두었다. 물론 아직은 성공을 향해 가는 '과정'에 있고, 앞으로도 노력과 도전을 계속해 나가야겠지만 말이다.

만약 오늘의 성과를 '성공'이라고 부를 수 있다면 거기에 도달할 수 있었던 가장 큰 이유는 모든 임직원의 '협력'과 '끈기' 덕분이라고 단언할 수 있다.

모두의 힘을 끌어낸 것은 출발선에서 이루었던 작은 성공들이다. 작은 성공을 마치 풍선을 불어 가듯이 점점 크게 키워냈기 때문에 결과적으로 지금에 이르른 것이다. 착실하게 한 단계 한 단계 과정을 거치지 않고 처음부터 약속되어 있는 큰 성공을 얻기란 불가능하다.

또한 승객이 진정 원하는 것이 무엇인지도 알고 있어야 한다. 사실 승객은 깨끗하게 청소를 해달라고 요구하지 않는다. 아무도 그런 말을 하지 않는다. 왜냐하면 그것은 당연한 일이라고 생각하기 때문이다. 그렇다고 해서 승객들이 억지를 부린다고 할 수 없다. 승객 입장에서 보면 차내는 당연히 깨끗해야 하고, 만약 더럽다면 그것이야말로 있어서는 안 되는 일이다. 그러므로 차내가 더러울 경우 불쾌하다고 느끼는 것은 지극히 당연한 일이다.

그러므로 청소 이외에 승객이 무엇을 원하는지도 의식하고 있어야 한다. 우리에게 있어서 도쿄 역은 매일 보는 똑같은 도쿄 역이다. 하지만 승객 중에는 처음으로 도쿄 역을 찾는 사람도 많다. '야마노테센(山手線)은 어디서 타는 거지?' '쥬오센을 타고 미타카(三鷹)에 가고 싶은데 어떻게 가야 하는지 모르겠네.' 이렇게 헤매는 사람들도 있다. 습관적으로 하던 일만 계속 반복하다 보면 아무것도 보이지 않는 법이다.

그린차를 청소하고 있는 모습. 보통 차는 혼자서 청소하지만 그린차는 등급이 다르므로 3명이 투입되어 더 깐깐하게 청소한다.

직원의 의견 하나하나를
실현하다

처음 코멧 슈퍼바이저를 만든 것은 승객들의 마음을 헤아리고 진정한 환대와 추억을 선물하기 위해서였다. 예상했던 만큼 아니, 그 이상의 반향이 있었다. 여기서 끝내기는 아깝다는 말이 나왔고, 더 다양한 것을 생각하여 계속 실천해 가기로 했다.

"다음은 다 같이 승객들께 인사를 해보지 않을래요?"

"유니폼을 좀 더 예쁘게 바꾸는 게 어떨까?"

"여름에 유카타를 입으면 보기에도 시원해 보이고 좋지 않을까?"

이렇게 평소 이야기하듯이 의견을 주고받으며 하나하나 실현해 가면서 아이디어의 폭을 넓혀 갔다. 아이디어를 현실 속에서 실천해 가자 승객들로부터 긍정적인 피드백이 돌아왔고 이러한 효과는 자연스럽게 직원들의 자신감과 연결되어 또 새로운 아이디어가 생겨났다.

선순환이 일어난 것이다. 하나를 해내면 그에 힘입어 한 단계 올라가고, 다음에는 또 무언가를 이루어 한 단계 올라가고⋯⋯, 이런 식으로 "이번에도 성공이야!"라고 한 발씩 내디디며 여기까지 온 것이다. 한 번에 올라갈 수 있으면 편하기도 하고 보기에 화려할지도 모르지만, 성공으로 가는 계단은 한 발씩 차근차근 올라가야 한다. 반면 잘 발전하다가 도전을 멈추면 거기에서부터 떨어질 수도 있다. 설사 매사에 성공을 기대하기 힘들어도 도전하면 변할 수 있다는 혹신을 가지고 있기 때문에 나는 아직도 앞으로 나아간다.

전 국철지사장으로서, 신칸센을 만든 장본인인 고(故) 시마 히데오(島秀雄)는 이렇게 말했다.

"너무 미래를 낙관한 나머지 현재 상태에 만족하여 개선을 게을리하지 마라. 미래를 촉망받는 것은 좋지만 현재를 하나하나 개선해 나가는 것을 게을리해서는 안 된다. '개선'이 원하는 미래로 가는 착실한 한 걸음이고, 잊어서는 안 되는 일이기 때문이다."

철도맨으로서, 기술자로서 반드시 가슴에 새겨야 할 명언이다.

직원과 승객이
함께 만드는 신칸센 극장

최근 들어 "야베 부장님이 단기간에 직원들의 의식을 바꿨다."는 말을 많이 듣는다. 내게는 감사한 말이지만 직원들에게는 실례가 되는 말이다. 나는 매번 이렇게 대답한다.

"사람의 의식을 7, 8년 만에 크게 바꾼다는 게 가능할까요? 원래 직원들은 '이렇게 하면 좋을 텐데.'라는 다양한 생각을 가지고 있었는데 그것을 표현하지 못하고 억눌러 온 것입니다. 다만 본사가 그것을 몰랐고 보려고 하지도 않았을 뿐입니다. 지금 활기차게 일하는 모습은 본래 그들이 가지고 있는 실제 모습이 아닐까요?

직원이 변한 것이 아니라, 매니지먼트와 본사가 변한 것입니다."

세상에는 훌륭한 발명이나 개혁을 이룩해 낸 사람들이 많은데, 그런 천재들만으로 위업이 달성되는 것은 아니다. 좋은 상품 하나가 완성되기까지, 그 뒤에는 그것을 설계하고 제작에 동참한 수없이 많은 사람들이 있다. 또한 완성품이 생산되면 포장하고 시장 및 고객에게 배달하는 사람들도 있다.

"조직의 도전은 천재 한 명에 의해 이루어지는 것이 아니라 조직의 통합(Integration), 즉 거기서 일하는 한 사람 한 사람의 노력과 일이 쌓이고 쌓여 이루어진다."

나는 이 말에 공감한다. 세상은 위업을 지지하는 사람들을 '숨겨진 조력자들'이라는 한마디로 묶어 버리는데, 이는 사람들의 의욕을 상실하게 만든다.

텟세이의 도전도 이러한 '숨겨진 조력자'들인 직원 한 명 한 명의 노력에 의해 이루어졌으며, 이들이 사회의 주목을 받고 있다. 우리의 성공을 알아봐 주는 것은 고마운 일이지만 세상에는 아직도 인정받지 못하는 숨겨진 조력자들이 많아 안타까울 때가 많다. 계약직 사원이나 파트타임 사원 등을 기업의 톱니바퀴 중 하나라고만 생각하고 불필요해지면 잘라 버린다는 발상은 정말 비극을 낳는다. 조직의 도전을 지지하는 사람들을 소중히 여기는 것이 텟세이의 기본적인 사고방식이다. 텟세이의 업무는 서비스업이며 그 상품은 '추억'이라고 한다면, 그 상품을 만드는 사람들은 텟세이의 직원들이다.

내가 이 8년간 해온 모든 업무의 목표는 직원들이 보람을 가지고 일하는 데에 있었다. 세상에서 말하는 직원 만족이 고객의 만족을 낳는다고 해도 좋다.

이번에 일본의 경제산업성(経済産業省)에서 주최하는 '환대하는 경영기업 선발대회'에서 텟세이가 선출되는 영예를 누렸다. 같이 선출된 기업 관계자들과 소통하면서 나는 많은 기업이 '직원이 만족하는 회사'를 만들기 위해 얼마나 애쓰고 있는지 알게 되었다. 그것은 지금까지 해온 것이 틀리지 않았다는 증거이기도 해서 정말 기뻤다.

다만 텟세이는 승객 감동과 직원 감동을 하나로 생각하고 있다는 점에서 선출된 다른 기업들과 조금 다르다. 작년까지 회사의 목표를 'Enjoy with TESSEI'라고 표현했다. 이것은 '승객들은 물론 직원들도 텟세이와 함께 즐기자.'는 의미이다.

'승객은 왕이다.'라고 따로 생각하지 않고, 승객과 직원이 하나의 서비스를 만들어 가는 것. 그것이 바로 '신칸센 극장'이다. 이 이름은 회사에서 생각한 것이 아니라 직원들이 붙인 것이다. 텟세이는 '승객과 우리가 함께 공유하는 무대'이고, 승객은 주연이며, 직원은 조연이라고 생각한다.

인생에서는 타수(打数)가 승부를 결정한다

인터뷰를 하면서 종종 이런 질문을 받곤 한다.

"지금까지 어떤 실패를 하셨나요?"

"실패는 어떻게 극복하셨습니까?"

듣는 사람들이 조금 불쾌할 수도 있지만, 솔직히 나는 실패했던 기억이 없다. 그 이유는 내가 부임할 당시 텟세이의 평판이 좋지 않았기 때문이다. 결과적으로 그것을 '순풍'으로 삼을 수 있었다. 그동안 평판이 좋지 않았으니 조금 실패를 하더라도 '그 정도는 늘 있던 일이지.'라고 넘기고 앞으로 나아갈 수 있는 마음을 가질 수 있었다. 스태프들로부터 자주 듣는 말이기도 한데, 나는 어쩌면 무의식적으로 마이너스를 플러스로 전환하고 있었는지도 모르겠다.

나는 인생을 즐겁게 살아야 한다고 생각한다. 일생을 하루로 단순하게 계산하면, 사람은 하루 24시간 중 3분의 1은 자는 데 소비한다. 그리그 8시간 일을 하고 출퇴근 시간까지 포함하면 하루의 3분의 2 가까이를 일하는 데에 쓰고 있다. 그런데 그 시간이 지루하다면 얼마나 비참한 인생인가. 그렇기 때문에 '일하는 시간을 어떻게 즐길 것인가.'를 생각하고 실행하는 것은 무척 중요하다.

"그건 쓸데없는 일이에요. 무리입니다. 불가능해요."라고 부정한다면 깊이 생각할 필요도 노력할 필요도 없이 간단하게 끝난다. 하지만 그런 태도로는 앞으로 나아갈 수 없다. 그럴게 아니라 "한번 해 보자."라는 자세로 임해야 한다. 한번 해보고 그 결과 혹시 실패한다고 해도 큰 상관없지 않느냐는 사고방식으로 조금씩이라도 도전해 보는 것이 좋다. 인생의 승패는 타율보다 타수가 결정한다. 다섯 번 해서 한 번 성공하면 된다는 생각으로 하나씩 도전해 보자.

요즘 세상은 성과주의가 기승을 부리고 있어 한 가지 일을 계속하기 어려워졌다. 물론 성과가 없으면 과정도 무용지물이 되고 마니, 성과주의 자체를 부정하고 싶은 생각은 없다. 그러나 성과를 내기 위해서는 기력이나 끈기 등 다양한 소질이 필요하며 계속해서 성과를 내기 위해 고민해야 한다. 실패하더라도 도전을 계속해 나가는 것이 중요하다.

이 방법밖에 없다?

어떤 일을 하든 어떤 상황이든 '이 방법밖에 없다'고 단정 짓는 생각은 위험하다. 방법을 하나로 단정 지으면 그 밖의 다양한 가능성을 보지 못하게 된다. 가능성을 넓히는 일이 모든 기업의 성공과 이어진다는 것을 명심해야 한다.

텟세이도 그렇다.

코멧 슈퍼바이저를 만든 것은 작은 성공에 지나지 않는다. 엔젤 리포트도 작은 성공이다. 미디어에 끊이지 않고 다양하게 기사화가 되는 것도 일종의 도전이다.

즉, 가능한 한 모든 것에 계속해서 도전하는 것이 중요하다. 결과적으로는 이러한 성과와 작은 시도가 모두 효과가 있었던 것이다.

8년간의 크고 작은 도전을 하게 한 원동력은 한마디로 '우직한 자세'였다. 다양한 수단을 활용하며 지칠 줄 모르고 '이러면 될까, 저러면 될까.' 하며 도전해 온 것은 실패마저도 포함하여 다양한 일이 결국 성공으로 이어진 것이다. 어찌 보면 섬세하지 못한 방법일지 모르지만 그런 우직한 자세가 결국 기적의 직장을 낳은 것이다.

8년이란 세월의 경험을 통해 드디어 나는 세련되지 못한 방법이라도 우직하게 고집하다 보면 성공이 가능하다고 확신한다.

주임들이 회의하는 모습. 열정적인 분위기로 손짓해가며 의논하고 있는데 모두 진지한 표정이다.

서비스의 기초는 언제나 '안전'

텟세이는 정해진 시간 내에 완벽하게 업무를 끝내고 승객들이 편하게 승차할 수 있도록 하여 시간표대로 신칸센이 운행하는 것을 목표로 한다. 그러기 위해서 스태프들은 '규율'을 중시하고 늘 철저하게 지킨다. 텟세이에서 가장 중요하게 여기며 우리가 제공하는 서비스의 기초는 첫째도 둘째도 안전이다.

텟세이는 '세이프티 콜 운동'을 전개하고 있다. 이것은 2006년에 일어난 추락사건을 계기로 시작되었다. 한 여성이 서비스 승강장(차량기지에 있는 검사 및 수선을 위한 홈)의 계단에서 떨어져 지주막하출혈을 일으켰다.

안전 전문 관리자인 나로서는 충격적인 사고였다. 그 이후 JR동일본에 제안하여 추락방지용 울타리를 정비함과 동시에 '안전하지 않은 행동에 대해 서로 이야기를 나눈다.'는 세이프티 콜 운동을 시작했다.

사람마다 룰을 인지하고 지키는 행동도 무척 중요하다. 하지만 계속 말을 해도 사고는 일어나는 법. 그래서 모두가 서로 도와 룰을 지키자는 것이다.

이 운동을 시작하고 나서 연간 18건 정도 발생하던 사고나 실수를 5건까지 줄일 수 있었다. 물론 이뿐만 아니라 '나의 안전 사례 & 나의 안전 대책', '세이프티 스몰 미팅'이라는 방지책도 함께 전개했다. 이와 더불어 텟세이의 다양한 노력이 세상에서 주목받기 시작한 것도 사고나 실수를 감소시키는 데 큰 효과를 거두었다.

하지만 그럼에도 사고와 실수는 발생한다. 그것을 가능한 한 '제로'로 만들기 위해 지금까지 실행해 온 자세 그대로 자신감을 가지고 착실하게 나가고 싶다.

8년간의 도전을 통해 알게 된 것이 있다면 '본사는 아무것도 모른다.'는 점인데, 이는 지금도 앞으로도 본질적으로 변하지 않을 것 같다. 본사를 무시하는 것이 아니라, 현장 제일선에 있는 직원들의 지혜와 고뇌, 실행력을 제대로 활용하지 않는다면 회사는 이러한 근본적인 과제를 극복할 수 없다는 뜻이다. 좀 더 구체적인 행동을 계속해야 한다. 이것을 텟세이의 강점으로 삼고 싶다.

하지만 현장을 중시한다고 해서 현장이 무조건 다 알아서 하라는 방임이나 방치가 되어서는 안 된다. 본사는 항상 현장 제일선에서 어떤 일이 일어나는지 알아야 하며, 단지 '보고'를 통해서만 현장을 알아서는 안 된다.

텟세이에는 현장에서 무슨 일이 일어나고 있는지 경영진이 확실하게 알아 볼 수 있게 하는 수단들이 몇 가지 있다. 즉 지금까지 말했던 엔젤 리포트나 '나의 안전 사례 & 나의 안전 대책, 세이프티 스몰 미팅' 등이 그것이다. 우리는 이것을 통해 현장에서 일어나는 일들을 읽어낸다.

'여기까지 오는 데 8년이 걸렸다.'는 말을 자주 하게 되는데, 생각하기 나름이지만 역으로 말하자면 8년만 노력하면 분명 변한다는 말로도 들린다. 그렇기 때문에 1년이나 2년으로 안 된다고 결론을 내리지 말아야 한다. 회사의 계획 같은 것은 자칫하면 권태감을 느끼기 시작하는 1~2년차에 좌절하기 쉽다. 실제로 5년을 목표로 내거는 '5년 계획'은 없는 것과 마찬가지라고 할 수 있다.

될 때까지 계속하는 것이 실행력이다. 텟세이는 그런 기본을 우직하게 지켜 왔다. 작은 성공을 경험하며 그것을 점점 크게 키워 온 것뿐이다. 텟세이의 성공 비결은 바로 여기에 있다.

6 장

자부심과 보람이
사람을 만든다

삐져나온 못은
못질로 다루지 마라

　누군가를 리더로 뽑았다면 그를 인정하고 실제로 책임을 부여해야만 점차 더 큰 인재로 자랄 수 있다. 사람은 일방적으로 '이렇게 하라.'고 명령받을 때보다, 스스로 생각하고 몰두할 때 일에서 만족을 느낀다. 텟세이가 다른 회사와 다른 점은 바로 스태프들을 인정한다는 것이다. 스스로 모은 의견을 해결하는 가운데서 자신감과 자부심이 생기기 때문이다. 텟세이의 업무는 하나에서 열까지 모두 수작업이므로 이론이나 교과서적인 말만으로는 대응할 수 없다. '세이프티 콜' 운동을 하면서 이런 에피소드가 있었다.

　이 운동에 대해 '그런 건 의미가 없다.'며 반대하고 지시를 듣지 않던 사람이 있었다. 그의 직속 상사가 어떻게 해야 좋을지 내게 조언을 구해왔다. 나는 "그럼 그 사람에게 세이프티 콜의 부리더를 시켜 보라."고 제안했다. 상식적으로 이해할 수 없는 제안이었다. 아니나 다를까 그 리더는 "부장님, 말도 안 됩니다. 그런 사람을 어떻게 부리더를 할 수 있습니까?"라고 펄펄 뛰듯이 반대했다. 그러나 맡겨 보고 안 되면 그때 바꾸면 된다고 설득하여 일부러 부리더를 시켜 보았다.

그 사람이 왜 협조하지 않았는지를 생각해 보면 그 이유를 금방 알 수 있다. 그 사람은 딱히 불만이 있었다기보다, 확고한 '자기만의 생각'을 가지고 있기 때문에 반대했던 것이다. 그러니 그 사람에게 책임을 지게 하면 된다. 무조건 하라고 말하면 반감을 살지도 모르지만 스스로 하게끔 하면 의욕적으로 일하는 법이다.

반대로 무엇이든 "네." 하며 시키는 대로 하는 고분고분한 스태프는 성장에 한계가 있을지도 모른다. 물론 고분고분한 것은 좋은 일이지만 아무 생각 없이 따르기보다 어떤 일에 대해 '정말 이걸로 될까?'라고 생각하는 힘을 가지는 것이 중요하기 때문이다. 실제로 텟세이에서도 그렇고 그 사람처럼 다양한 의미에서 '어디로 튈지 모르는' 사람 쪽이 성장할 가능성이 높다고 생각한다. 리더는 주어진 일을 고분고분하게 듣는 것만으로는 성장할 가능성이 없다.

'삐져나온 못은 못질을 할 것이 아니라 길러야 한다.'는 발상이 중요하다.

내가 JR동일본 도쿄종합지령실의 지령부장일 때의 이야기다. 부하인 지령실장에게 이번 관리직 시험에 젊은 Y 군을 추천하고 싶다고 하자 그는 이렇게 대답했다.

“부장님, 안 됩니다. 그 녀석은 늘 반항적이고, 무슨 일만 있으면 꼭 이러저러하게 하는 게 좋다고 말만 늘어놓는다니까요. 협조성이 없는 사람을 추천할 수는 없습니다.”

나는 평소에 늘 Y 군을 보고 있었고 꽤 재미있는 젊은이라고 생각하고 있던 차였다. 실장의 의견은 ‘의견’으로 듣기만 하고 억지로 Y 군을 관리직 시험에 추천했다. 그 결과 그는 시험에 합격했다.

그 후, 내가 JR동일본을 퇴직하고 3년 정도 후에 텟세이의 직원들을 데리고 지령실 견학을 간 적이 있었다. 그때 나한테 한 청년이 다가와 인사를 하는데 바로 Y 군이었다.

“잘 지냈나?”

“안녕하세요.”

“지금 무슨 일을 담당하고 있지?”

“네, 지령장이 됐습니다. 야베 부장님 덕분입니다.”

나는 이 말을 듣고 정말 기뻤다. 가슴이 먹먹해져 “힘내게.”라고밖에 말할 수 없었다.

자부심과 보람은 함께 만들고
함께 공유하는 것이다

나는 국철에서 JR로 이어지는 큰 조직을 경험하면서 줄곧 자부심과 보람을 갖는 것이 얼마나 중요한 것인지를 깊이 느끼고 있었다.

JR은 민영화되기 전의 국철 시절에서부터 '일본의 경제를 움직인다.'는 큰 자부심을 가진 기업이다. 물론 자부심이 자만심이 되어서는 안 되지만 '철도를 통해 다른 사람들에게 도움이 된다.'는 긍정적인 자세가 조직 전체에 흘러넘쳐, 그것이 좋은 효과를 가져 온 부분이 꽤 있다. 자부심의 긍정적 에너지를 알기 때문에 나는 텟세이에 와서도 자부심의 중요성을 가능한 한 많은 사람들에게 전달하려고 했다.

텟세이에서 일하는 사람들은 대부분 산전수전을 겪으며, 우여곡절 끝에 여기까지 왔다. 오늘에 이르기까지 다양한 상황 속에서 부대끼기도 하고 일에 대한 자부심을 잃어버린 사람도 적지 않다. 하지만 활기차게 일하려면 하루빨리 잃어버린 자부심을 되찾아야 한다. 그러기 위해서는 무엇보다 회사의 인정을 받아야 한다. 업무를 통해서 인정받고 좋은 평가를 들으며 충실감을 쌓아 나가면 결국 그것이 자부심과 보람으로 이어진다.

다만 조직의 어떤 한 사람이 어느 날 갑자기 "좋아, 이제부터 자부심과 보람을 갖자."라고 마음을 먹는 것은 별로 의미가 없다. 주위 사람들이 어색해할 뿐 그냥 말뿐으로 끝날 공산이 크다. 달리 말하자면, 자부심과 보람은 한 사람이 만들 수 있는 것이 아니라 모두가 힘을 합쳐 키워 나가는 것이다.

자부심과 보람을 가지는 순간, 인생의 새로운 막이 열린다.

"저는 자부심을 버리고 청소부로 텟세이에 들어왔습니다. 하지만 저는 텟세이에서 새로운 자부심을 얻을 수 있었습니다."

어느 여직원이 한 갈이다. 서로를 지지하며 자부심과 보람을 얻기 위해 열심히 노력하면 노력은 반드시 보상받기 마련이다. 다만 혼자서만 좋다고 착각하지 않도록 주의해야 한다. 그런 착각은 자기만족일 뿐이다. 그러니 자부심, 보람을 모두가 공유하고 자신들이 기르고 크게 만들어 가는 것이 중요하다.

프라이드가
일의 레벨을 높인다

나는 또 자부심의 의미를 제대로 알아야 한다고 생각한다. 예를 들어 자부심이 '내가 제일 능력 있는 사람이다.'라는 생각처럼 혼자만의 자만심과 오만한 태도로 이어진다면, 그 생각은 버리는 편이 더 좋다. 무엇보다 그것은 자부심이라고 할 수 없다. '나는 프라이드가 높은 사람이니까'라고 자기 앞에 벽을 만드는 사람들의 대다수는 자부심이나 프라이드에 대해 착각하고 있다. 그것은 약함을 감추기 위한 방어 수단일 뿐이다.

진정한 자부심을 가진 사람은 가령 사람이 꺼리는 일, 많은 사람이 '부끄럽다.'고 경원시하는 일을 솔선하여 하는 사람이라고 생각한다. 즉 반대로 '나는 프라이드가 높으니까 청소 같은 일은 못 해.'라고 생각하는 사람은 자부심의 의미를 제대로 이해하지 못한 사람이다. 이것은 실체를 감추는 수단으로 프라이드가 높다고 말하는 것이며, 오히려 진정한 자부심이나 프라이드와 정반대에 서 있는 사람이다.

텟세이 직원들의 자세에 대해 쓴 《신칸센 청소팀의 천사들》이 뮤지컬로 만들어졌을 때, 텟세이 본사 빌딩을 청소해 주는 분들이 기쁜 표정으로 소감을 얘기했다.

"뮤지컬을 보고 왔어요. 신칸센이 아니라 빌딩을 청소하는 저도 굉장히 공감했습니다. 남들은 잘 모르는 우리의 일을 솔직하게 표현했더군요."

이것은 나에게 인상적인 일이었는데, 그분도 텟세이 직원들처럼 진정한 자부심의 의미를 이제 이해했다고 볼 수 있다.

말로만 "여러분이 자부심을 가졌으면 좋겠다."라고 하지 않고 그렇게 되도록 다양한 수단으로 실천해 나간 결과, 직원들의 생각도 대부분 바뀌었다. "여러 사람들이 우리를 보고 있어요, 야베 부장님! 이렇게 된 이상 꼴불견으로 보이면 안 되겠죠. 더 열심히 해야겠어요."라고 말하기 시작했다. 이런 생각을 가진 후로 다치거나 실수도 크게 줄어들어 스태프들이 더욱 믿음직스럽다. 자부심이 좋은 선순환을 만들고 있는 것이다.

한번은 이런 일이 있었다. 플랫폼에서 직원들이 나란히 서서 신칸센이 들어오기를 대기하고 있었다. 이때 이 신칸센에 수학여행을 온 학생들이 타고 있다는 것이다. S 주임이 무선으로 "7호차, 8호차어 수학여행을 온 학생들이 타고 있습니다. 지원 부탁드립니다."라고 외쳤다. 이렇게 말하면 학생들에게 미안하지만, 수학여행을 온 학생들이 탄 신칸센은 좌석 커버 등이 엉망진창이 되어 평소보다 청소하기 힘든 것이 사실이다. 그때 내가 "S 주임님, 힘들겠네요."라고 말했다가 아주 혼이 났다. "부장님, 무슨 말씀이세요? 차내가 더러워지니까 우리가 있는 거잖아요. 그걸 시간 내에 완벽하게 청소하는 것이 우리 일이에요!" 나는 정말 부끄러워져서 몸 둘 바를 몰랐으나 한편으로 흡족함을 감출 수 없었다.

2013년 6월, 도쿄도 기타구(北区) 니시가하라(西ヶ原)에 있는 나라 연수시설건설예정지에서 불발탄을 처리한 적이 있었다. 불발탄을 처리하는 도중에는 도호쿠신칸센이나 자이라이센(在来線)이 멈추어야 했다. 때문에 원래라면 도쿄에서 되돌아가야 할 신칸센이 오미야(大宮)에서 되돌아가게 되었다. 하지만 그렇다고 해서 차내 청소를 하지 않아도 되는 것은 아니다. 텟세이는 백수십 명의 직원들을 오미야 역까지 파견했다.

'돌발 사건'이 일어난 것은 오미야 역에 도착한 직원들이 막 청소를 시작하려고 할 때였다. 오미야 역의 역무원이 역내 방송으로 이렇게 안내 멘트를 했다.

"지금부터 청소부들이 차내 청소를 시작합니다."

그때 안내 방송을 들은 우리 스태프들이 "청소부라니 무슨 말이냐."고 항의를 했다. 그만큼 현장에서 서비스 업무의 프로 의식이 침투되어 있었던 것이다.

나는 그 이야기를 듣고 '그렇게까지 변했구나.'라고 느끼며 무척 감동했다. 내가 텟세이에 왔을 때는 그렇게 자신의 생각을 확실하게 말하는 사람이 거의 없었다. 모두가 가슴에 뜨거운 열정을 품고 있다는 생각에 감동했다. 예전 같았으면 당연히 청소부라고 생각했을 텐데 지금은 누가 뭐라 해도 우리는 환대와 기술을 제공하는 천사들이다.

텟세이에 견학을 오는 단체는 일본의 회사나 학교만이 아니다. 해외에서도 많은 사람들이 견학을 온다. 외국 사람들이 자주 이런 말을 한다. "신칸센의 기술뿐 아니라 빠르고 정확하게 청소하는 사람들도 해외로 모셔가고 싶군요."

이런 신칸센 청소 일도 일본인이기 때문에 가능하다고 나는 생각한다. 모든 일을 근로계약에 맞춰서 움직이는 게 아니라, '나의 일을 한다.' '승객을 위한다.'는 생각으로 움직이고 일하는 것이다.

일본은 원래 '장인'을 중시하는 나라다. 나는 어릴 때 어머니가 "옆집 아이는 이제 훌륭한 장인이 되었구나."라고 칭찬하는 걸 자주 들었다. 그만큼 장인 정신, 물건을 만드는 사람을 귀하게 여기는 풍토는 자연스럽게 장인을 존경의 대상으로 만들었다. 지금은 오히려 그런 풍토가 사라져 가고 있어서 아쉽다.

장인이라는 사람들은 완고하다. 자신의 기술에 몰두하며 '이렇게 하면 더 좋아지지 않을까?'를 열성적으로 생각하는, 본인 나름의 완벽을 추구하는 그런 사람들이다. 일본이 이렇게 발전할 수 있었던 것은 장인을 귀하게 여기는 문화, 장인의 생각을 존중하는 풍토가 있었기 때문이 아닐까.

그런 장인의 완고하기까지 한 고집은 환대와 통하는 부분이 있다. 7분간 청소의 정밀함을 높여 가고 좀 더 좋게 하고 싶다는 마음은 어떤 의미에서 장인의 열정을 가졌다고 볼 수 있다.

단순히 서비스라는 업무가 아니라 고객의 감동을 창조할 수 있는 부분을 소중히 하고 더 높은 수준으로 갈고 닦은 것이 중요하다.

회사 일원으로서의 긍지

텟세이는 JR동일본의 일원이다. 단순히 JR동일본의 업무를 맡았다는 위치에 있는 것이 아니라 그 기능을 분담하고 '팀워크의 서비스'를 구성하는 일원인 것이다.

"야베 부장님, 저쪽 화장실은 타일에 금이 가서 아무리 청소해도 타일 금에 묻은 때가 지질 않아요. 이러면 청소하는 의미가 없어요."

"승객분이 수유실이 없냐고 물을 때마다 죄송스러워요. 어떻게 안 될까요?"

“요전에 아기를 데리고 온 엄마가 화장실에 가고 싶은데 아이를 안고 있어야 해서 갈 수가 없다고 난처해하고 있었어요. 나라도 괜찮다면 안고 있겠다고 했더니 고마워하더라고요.”

나는 이처럼 ‘현장에서 알게 된 개선점을 JR에 전하자.’라는 생각으로 ‘승객 서비스 타이 업 랠리(Tie-up Rally)’라는 회합을 만들었다. 텟세이뿐만 아니라 신칸센 관련 그룹 회사의 직원과 JR동일본의 경영진사원이 한곳에 모여 고객 감동에 대해 생각하고자 한 것이다. 이 랠리는 우리의 생각을 이해한 JR동일본의 세미노 사토시 전 사장(현 회장)의 강력한 지원으로 시작되었다.

랠리라는 것은 바꿔 말하면 포럼이다. 일부러 랠리라고 이름 붙인 것은 회장 전체가 테니스나 배구 랠리처럼 의견을 교환한다는 의미에서이다. 여기서 텟세이의 직원이 현장 상태를 보고했다. 그녀는 당당하게 발언했다. 수유실 문제, 화장실 문제, 신칸센 좌석 문제⋯⋯. JR동일본의 간부는 진지하게 귀를 기울였고 직원의 의견은 실현되었다.

그중 하나가 K 주임의 이야기다.

“O 씨가 역 안을 돌고 있을 때 여자 화장실 앞에서 줄을 서서 기다리던 승객이 그만 실수를 하신 거예요. O 씨가 큰일이다 싶어서 그 손님에게 '속옷을 갖다 드릴까요.' 하며 도와 드리고 있는데 그분은 연신 '죄송합니다, 죄송합니다.' 하며 미안해하시더라는 거예요. 조금 진정이 되고 나서 어떻게 된 일인지 물었더니, 신칸센 안에 있는 화장실은 남녀공용이라 이용할 수 없어서 역 화장실까지 참고 와서 줄을 섰는데 그만 실수를 했다는 거였습니다. 신칸센의 화장실은 남성의 관점에서 만들어져 있지 않은가요? 남성 전용 화장실이 있으면 여성 전용 화장실도 있어야 한다고 생각합니다."

이 이야기를 듣고 가슴이 아팠다. 그것을 JR의 간부 앞에서 확실하게 이야기하고, 전달하자고 결정했다.

지금 JR동일본의 새로운 신칸센에는 여성 전용 화장실이 있다. 텟세이 직원의 제안뿐 아니라 다양한 요청을 고려하여 JR이 결정한 것이지만, 텟세이가 그 결단에 일조했다고 생각한다.

우리는 JR의 사원 이상으로 현장의 개선점과 과제를 알고 있다. 단순히 위탁받은 일만을 하는 것이 아니라 보이지 않는 손님들의 대변인이 되자……. 그런 의식과 감각이 직원의 마음속에 조용히 생겨나기 시작했다.

그와 동시에 JR의 사원이 텟세이의 위에 있다고 생각하고 의견을 전달하는 데 소극적이었던 분위기가 바뀌면서, 산뜻하고 안심되고 따뜻한 서비스를 목표로 하는 팀으로써 대등한 입장이라는 생각을 가지게 되었다. 이런 체험이 자신감을 낳고 다양하고 많은 제안과 제언으로 이어지는 것이다.

자기 생각이 인정받고 실현된다는 것은 더없이 기쁜 일이다. 다양한 노력을 회사와 직원이 하나가 되어 실천해 간다는 것은 직원의 원동력이 되는 '기쁨, 즐거움, 자부심' 그리고 '보람'으로 이어진다.

우리는
끊임없이 진화한다

텟세이의 도전은 지금도 계속되고 있다. 아직은 미완성이기 때문이다. 사람들에게 주목을 받고 있다고 해서 자만하면 그것을 끝으로 진보는커녕 도로 아미타불이 돼 버린다. 바꿔서는 안 되는 지금까지 해왔던 방식과 계속 바꿔 나가야 하는 것을 확실하게 구별하여 우리 스스로가 잘못 가지 않도록 늘 주의해야 한다.

지금도 승객들이 텟세이를 단순한 청소 회사로, 스태프들을 그저 청소부로 생각하지 않도록 하는 것이 나의 목표이다. 비록 현재 '신칸센 극장'이라고 불리고 있지만, 그렇다고 승객들이 우리가 청소하는 모습을 보려고 신칸센을 타는 것은 아니다. 텟세이의 상품은 '여행의 추억'이다. 때문에 청소하는 이미지로만 남지 않기 위하여 유니폼을 바꾸는 등 여러 방법을 시도해 보았다.

뿐만 아니라 청소 도구를 바꿀 수는 없을까 궁리하다가 지금까지 들고 다니던 긴 빗자루를 접어서 가방에 수납할 수 있는 것으로 바꾸었다. 사람들은 텟세이의 직원들이 역에서 이동할 때 청소부가 걸어 다닌다고 생각하지 않는다. 현장에서 '수납할 수 있는 빗자루를 가방에 넣으면 손이 자유롭다.'는 말을 듣고 빗자루를 바꾼 것인데 생각지도 못한 장점도 있었다. 또한 2층짜리 신칸센에서 이동할 때 양손으로 계단 손잡이를 잡을 수 있게 되었다. 그 덕분에 계단에서 굴러 떨어지는 사고도 없어졌다.

그밖에도 청소 작업을 할 때 차내 입구에 '청소 중'이라는 팻말을 걸어 두었던 것을, 직원의 제안으로 '승차 준비 중'이라는 말로 바꾸었다. 청소가 아니라 여행의 추억을 맛볼 수 있게 준비하는 것이다.

승객들의 눈에 보이는 모습과 이미지를 바꾸도록 노력하고 직원들에게 그런 생각을 전달하며 높은 레벨로 그들을 인도 하였다.

텟세이는 교육을 중요하게 생각한다. '교육'에 대한 텟세이의 생각은 조금 다르다. 교육은 정말 어려운 것이다. 왜냐하면 배우는 쪽이 배우고자 하는 마음을 가지지 않으면 헛수고로 끝나기 때문이다. 8년간 텟세이는 직원에게 동기부여를 하기 위해 다양한 노력을 기울여 왔다. 지금 드디어 교육을 통해 가장 근본적인 것부터 바꾸고 새로운 자세를 가지는 단계에 도달했다. 또한 배우는 쪽이 자발적으로 배우고 싶다는 마음을 가지기 시작했다.

한 심포지움에 참석했다가 공감되는 말이라 여기에서 전한다.

교육에는 여러 가지가 있다. 교육(矯育, 바로잡는 교육), 협육(脅育, 상대를 꾸짖고 위축시키는 교육), 공육(恐育, 공포를 주는 교육), 협육(狹育, 편협한 교육), 흉육(凶育, 사람을 해치는 교육). 우리가 지금까지 해온 교육은 이런 교육이 아니었을까.

앞으로는 공육(共育, 함께하는 교육), 협육(協育, 서로 협력하는 교육), 경육(驚育, 발전적인 방향으로 서로를 놀라게 하는 교육). 향육(響育, 서로 주고받는 교육), 경육(鏡育, 서로를 비추는 거울 같은 교육)을 목표로 해야 한다는 이야기였다.

즉 사람을 가르쳐서 이끄는 것이 아니라, 함께 성장해 나가는 공육(共育)을 목표로 하고 싶다. 그리고 지금까지 해왔던 '오늘의 교육'을 앞으로도 계속 해 나가고 싶다. 오늘의 교육 이라는 것은 매일매일, 순간순간을 교육의 장으로 삼고 실천 해 나가는 것이다. '알아채고, 공감하고, 함께 만들고, 함께 배우는 것'이 나의 목표이다.

승객과 자신의 해피엔딩을 실현하기 위해서 항상 일에서 필요한 부분을 개선하고 일 속에서 기쁨과 즐거움, 자부심을 가지는 사람들 그리고 한 명 한 명이 기업을 키워나가고 팀 의 힘을 높이는 일원이 되는 사람들, 능동적인 의식과 계획 에 참여하는 자세를 가진 사람들……. 그런 사람들이 텟세이 에 넘쳐 나고 그런 사람들을 사랑하고 소중히 대하는 텟세이 가 되었으면 한다.

'Enjoy with TESSEI.'

텟세이를 통해 승객도 직원도 함께 즐거워했으면 좋겠다 는 생각으로 지금까지 왔다. 하지만 2년 전부터는 이 생각 이 바뀌기 시작했다. 동일본대지진이 우리의 마음을 뒤흔든 것이다.

도호쿠 신칸센이 피해 지역을 지나간다. 그 열차를 이용하 는 많은 승객들이 엄청난 재해를 겪었다. 그 사람들이 슬픔 과 이별의 아픔을 지니고 있을지도 모른다고 생각했다. 그때 우리는 놀이공원처럼 비일상적인 세계에서 일을 하는 것이 아니라, 순간순간의 일상이 곧 냉엄한 현실임을 느꼈다.

신칸센은 인생의 다양한 경험과 희로애락을 마음에 지닌 승객들이 이용하고 있다. 우리는 이 수많은 사람들과 함께한다고 생각한다.

'Ever with YOU 영원히 당신과 함께하는 신칸센 극장'

이것이 새로운 텟세이의 표어이다.

가지런히 진열된 청소도구.

'모두의 프로젝트' 모임 때 제안된 청소도구. 모두 청소 가방에 수납할 수 있다.
서비스를 포함하여 스태프들은 '정리정돈'부터 시작한다는 자세를 가지고 있다.

일하는 것은
살아 있다는 것이다

"일을 한다는 것은 무슨 의미일까?"

만약 누군가 이런 질문을 한다면 나는 서슴지 않고 '살아 있음을 실감하는 일'이라고 대답하겠다. 지나친 과장이라고 생각할지 모르지만 틀림없는 사실이다.

우리의 업무에는 대부분 패턴이 정해져 있다. 물론 날마다 다양한 일이 일어나고 매일 다른 일을 하는 사람도 있다. 하지만 기본적으로는 부서나 회사를 옮기거나 하지 않는 한 일상의 업무는 기본적인 틀을 벗어나지 않는다.

이것은 또 그 업무에 익숙해지면 매너리즘에 빠지기도 쉽다는 말이기도 하다. 그에 상응하는 스킬이 몸에 배어 '일을 처리하는' 데만 의식을 집중해 버리면 즐거움이나 충실감을 맛볼 수 없다.

그야말로 안타까운 일이라고 생각한다. 인생은 한정되어 있다. 살아 있는 한 조금이라도 긍정적으로 일을 하고 결과를 내며 자신감을 가지는 것이 의미 있는 일이다.

역설적으로 들릴지 모르겠지만 우리가 하는 일에 중요한 역할을 하는 것이 이러한 '제한'이나 '정해진 규칙'이라고 생각한다. 무엇이든 자유롭게 해도 된다면 편하지만 긴장감은 스라진다. 압력이 없어지면 구분이 없어지기 때문에 최악의 경우 일의 리듬이 무너질 수도 있다. 그러나 제한이나 정해진 규칙이 있으면 다양한 의미에서 강약이 생겨 일을 유연하게 처리할 수 있다. 물론 정해진 것이 많으면 때로는 지루해지기도 한다. 하지만 긴 안목으로 보면 그것이 큰 효과를 낳는다. 그 좋은 예가 '7분 안에 마쳐야 하는 청소'다.

다양한 경험을 가진 직원들이 텟세이에서 새로운 시작을 한다는 시점에서 평행선에 서 있다. 예전에 했던 일이 무엇이었든 그곳에서 어떤 실적을 쌓았든 상관없이 7분 안에 청소를 끝낸다는 목적을 달성한다는 점에서 그전의 경력은 무관하다.

그랜클래스에서 고객이 내리기를 기다리고 있는 코멧 슈퍼바이저의 모습.
고객이 모두 내리기까지 차내에 들어가지 않는다.

코멧 슈퍼바이저는 승객을 위한 서비스를 하고 있다는
자부심을 심어주기 위해 특별히 관리하고 교육한 팀이다.
코멧 슈퍼바이저의 성공은 지금의 텟세이를 만들기 위한 시작이었다.

기적의 직장은
어디서든 만들 수 있다

7분이라는 짧은 시간 안에 완벽하게 청소를 마친다는 것은 쉬운 일이 아니다. 작업에 익숙해지기까지는 그만큼의 시간이 걸리는데 그 전에 좌절하는 사람들도 있다.

하지만 그 고통과 과정을 이겨내기만 하면 무한한 성취감을 느끼게 된다. 그리고 그것이 자신감이 되고 자부심을 낳으며, 그런 프로세스를 통해 '살아 있다'는 것을 실감할 수 있다. 그것이 일의 묘미이며 그 일을 통해 사명감을 만들고 이루어 간다. 그것이 살아가는 힘이 된다.

그만큼 힘든 일을 해내는 현장 직원들을 보면서 그들의 활기찬 표정이 이를 확실히 증명하고 있음을 경험한다. 텟세이가 특별한 게 아니다. 만약 텟세이가 기적의 직장이라 불릴 만하다면, 이만큼 혹은 이 이상으로 기적적인 직장을 만드는 것은 어렵지 않다.

서비스를 받은 승객과, 일을 통해 커뮤니케이션을 할 수 있다면 직원은 거기에서 자신감과 자부심을 가질 수 있다. 모회사에서 자회사가 매일 하고 있는 노력에 대해 확실하게 평가해 준다면 그것은 직원에게 있어서 보람과 살아가는 의미로 이어질 것이다.

즉, 그런 요소를 갖추기만 한다면 어디에서든 기적의 직장을 만들 수 있다. 업종이나 업태도 상관없다. 필요한 것은 사람 그리고 커뮤니케이션이다.

나는 지금도 이러한 훌륭한 직원들 덕분에 기적의 직장을 만들 수 있었다고 생각한다. 진심이다. 텟세이 모든 사람의 일거수일투족은 '진심과 배려'에 집중된다. 승객을 향한 '진심과 배려'를 늘 마음어 품고 있다.

나는 스태프들에게 이렇게 말하고 싶다.

"고맙습니다."

"승객과 동료뿐 아니라 자기 자신한테도 '진심과 배려'를 잊지 마세요."

기적의 직장이라는 평판을 받고 있지만, 우리는 아직 미완성이다. 지금부터 신칸센 극장의 새로운 막이 열릴 것이다.

"야베 부장님은 안전이 전공인데 어떻게 그렇게 서비스에 대해 잘 아세요?"

매스컴과 인터뷰를 하다 보면, 가끔 이런 질문을 받을 때가 있다. 안전과 서비스는 전혀 다른 별개의 것으로 느껴지는 모양이다.

나는 이렇게 대답한다.

"안전은 누가 만들까요? 바로 그곳에서 일하는 사람들입니다. 안전을 유지하기 위한 기계나 시스템이 있지만 최종적으로 그것을 관리하고 운영하는 것은 사람입니다. 저는 안전 관련 전문가로서 안전은 결국 사람에게 달렸다고 생각합니다. 서비스도 마찬가지로 그곳에서 일하는 사람들이 만듭니다. 결코 회사의 사장이나 경영자가 아닙니다. 사람이 소중하다는 것을 알고 그 사람들이 현장에서 활약할 수 있게 하는 바탕에 있어서 안전과 서비스는 다르지 않습니다. 오히려 안전을 통해 사람의 중요성을 깊이 터득했기 때문에 서비스의 중요성도 알게 되었다고 생각합니다.”

그밖에도 취재나 견학을 오는 사람들은 자주 ‘텟세이’가 무슨 의미인지 묻는다. 텟세이는 작년에 회사명을 바꾸기 전까지 ‘철도정비회사’의 애칭이었다(철도정비회사鉄道整備会社를 줄인 철정鉄整을 일본식 한자로 읽으면 ‘텟세이’가 됨—역자 주).

이 8년간 다양한 일에 도전하면서 직원들의 생각이 점점 경영진의 생각과 호흡을 맞출 수 있게 되었는데, 그중 하나가 ‘JR동일본이라는 명칭이 붙은 회사명을 갖고 싶다’는 것이었다. ‘우리는 JR동일본의 일원으로, 팀워크를 기반으로 서비스를 제공하는 스태프들이다. 우리도 그룹 일원으로서의 자부심을 가슴에 품고 싶다.’는 의견이었다.

어떻게 해야 하나 고민하다가 작년 회사 창립 60주년을 맞이하면서 회사 명칭을 바꾸자는 직원들의 기대에 따라, 스태프들이 모두 자부심을 느낄 수 있는 명칭을 짓기 위해 직원

텟세이를 방문한 수많은 전 세계의 유명인사와 외신들.
우리에게 많은 것을 배워가지만, 우리 또한 그들의 자세를 배우며 발전하고 있다.

들에게 회사명 공모를 진행하였다.

응모 결과 직원 약 280명으로부터 510여 건의 회사명이 올라왔다. 이들 중 대부분은 파트타임이었는데 그들이 낸 아이디어를 소개하겠다.

드림 텟세이, 텟세이 그랜드서비스, 텟세이 월드, 신칸센 월드와이드, 베스트 어시스턴트, 텟세이 재팬, 리프레시 커뮤니티, 따뜻한 마음텟세이, 드라마틱 시어터, 텟세이 테크노서비스, 그린 하트 텟세이, 재팬 서비스 TESSEI…….

이렇게 모인 회사명을 하나하나 보면 어떤 마음으로 그 이름을 생각했는지가 전해진다. 네이밍을 통해 직원들이 직장을 생각하는 마음을 알게 되었고 또 솔직하게 자신의 장래를 말하고 있음을 마음으로 느꼈다. 이름들을 보면서 나도 모르게 마음이 따뜻해졌다. 그렇게 모두가 만든 회사명이 '주식회사 JR동일본 테크노하트 TESSEI'이다. 기술과 마음으로 승객에게 감동을 전한다는 한 마음으로 직원들과 함께 걸어가고 싶다.

'감동이란 눈에 보이지도 않고 귀에 들리지도 않지만, 궁극적으로 마음에 감동을 전달하는 것'이라고 나는 생각한다.

마지막으로 텟세이가 세상에 널리 알려지는 계기가 된 《신칸센 청소팀의 천사들》을 지은 엔도 이사오 교수님, 나의 졸작과 문장을 멋지게 다듬어 준 인나미 아쓰시(印南 敦史), '당신은 꼭 책을 내야 한다.'며 지지해 준 아사출판의 사토 가즈오(佐藤和夫) 사장님, 요시다 노시(吉田 伸) 씨, 사진을 찍어 준 오다 게이코(織田 桂子), 스즈키 노부히사(鈴木宣久), 장정을 책임진 나가사카 유지(長坂勇司) 그리고 매일 현장에서 활기차게 일하고 많은 아이디어를 내준 텟세이 모든 직원에게 감사의 말을 전하고 싶다.

텟세이의 마스코트 캐릭터인 '치리토리(쓰레받기)'다.
직원이 디자인한 것이다. 이 치리토리는 엔도 이사무 교수님이
《신칸센 청소팀의 천사들》 출간 기념회에서 보내준 것인데,
모두들 '디럭스 치리토리'라고 귀여워한다.

지은이 | **야베 데루오(矢部輝夫)**

주식회사 JR동일본 테크노하트 텟세이 환대창조부장.

1966년 일본국유철도 입사. 이후 전차나 승객의 안전대책 전문가로서 40년 이상 근무하며 안전대책부 과장대리, 운수차량부 운송과장, 다치카와역장, 운수부장, 운수차량부 지령부장 등을 역임하였다. 2005년, 철도정비주식회사(2012년에 주식회사 JR동일본 테크노하트 텟세이로 회사명 변경) 이사회 경영기획부장으로 취임하였다. 스태프들이 자주 그만두는 데다 사고나 클레임도 많았던 신칸센 청소회사에 '토털 서비스'라는 생각을 정착시키고, 일본 국내뿐 아니라 해외에서도 취재가 밀려드는 환대집단으로 회사를 개혁했다. 2011년 전무이사로 취임하여 2013년에 전무이사를 퇴임하였다가 다시 환대창조부장으로 위촉되었다.

옮긴이 | **방유성**

중앙대학교에서 경영학 박사학위를 받고, 미국 일리노이주립대학교에서 박사후과정(Post-Doctorial Program)을 마쳤다. 글로벌 경영컨설팅회사인 액센추어(Accenture)에서 공공·민간기업을 대상으로 경영전략, 인사·조직관리, 프로세스 재설계, 고객관계관리(CRM), 지식경영, 성과관리(BSC) 등의 컨설팅을 수행했으며, 이후 인사·조직관리 분야 전문 경영컨설팅 회사인 휴잇어소시엇츠(Hewitt Associates)의 한국 대표를 역임했다. 현재 경영전략·조직관리·리더십·성과관리 분야의 경영컨설팅 회사인 피플퀘스트(www.pqp.co.kr)의 대표이사를 역임하고 있다. 주요 저서로는 《공공기관 혁신》《리딩비즈》《일류병원으로 간다》 등이 있다.

'7분의 기적' 총감독 텟세이 창조부장 '야베 데루오' 이야기

신칸센 버라이어티 쇼

펴   냄 2014년 6월 15일 1판 1쇄 박음 | 2014년 8월 15일 1판 3쇄 펴냄
지 은 이 야베 데루오
옮 긴 이 방유성
펴 낸 이 김철종
펴 낸 곳 (주)한언
등 록 번 호 제1-128호 / 등록일자 1983. 9. 30
주   소 서울시 종로구 삼일대로 453(경운동) KAFFE 빌딩 2층(우 110-310)
               TEL. 02-723-3114(대) / FAX. 02-701-4449
책 임 편 집 권기우
디 자 인 이찬미, 송유미
마 케 팅 오영일, 유은정, 정윤정
홈 페 이 지 www.haneon.com
e - m a i l haneon@haneon.com

이 책의 무단전재 및 복제를 금합니다.
책값은 뒤표지에 표시되어 있습니다.
잘못 만들어진 책은 구입하신 서점에서 바꾸어 드립니다.
ISBN 978-89-5596-691-6   13320